親・身内が亡くなった後の届出・手続きのすべて

お金と保険の専門家
加納敏彦
税理士 石渡芳徳・藤井幹久
弁護士 藤原寿人
司法書士 村山澄江
行政書士 長尾影正

きずな出版

はじめに －本書の使い方－

　今まさに、**大切な方を亡くして、相続の手続きに直面している方**のために、**相続のことが1冊でわかる**ように、本書を書きました。

　大切な方が亡くなると、不慣れな葬儀や法要などの準備に追われながら、さまざまな手続きをしなくてはなりません。期限が決められているものもたくさんあります。

　相続の大変さは、大切な方が亡くなった悲しみに暮れる暇もなく、たくさんの手続きに忙殺されてしまうことにあります。

　本書では、届出や手続き、相続で多くの方が悩む、以下の2つを解決することをめざしています。

◉**「いつまでに」「何を」「どのように」手続きすればいいかわからない**

◉**相続について「誰に」「何を」相談できるのかがわからない**

　この2つの悩みを解決するため、本書は4つの工夫をしています。

❶**専門用語をできるだけ使わず、易しい表現に**

　相続の本は法律の言葉をそのまま使っているため、どうしても難しく感じてしまいます。そもそも「相続人」「被相続人」という言葉が、すでに難しいと思いませんか？　このような専門用語を一から見直して、易しい言葉でできるだけ説明することに心を砕きました。難しい本が苦手な方も、すらすら読むことができます。

❷**やらなければならない手続きを、時系列で整理**

　お葬式やそのあとの法要、相続の手続き、預貯金の解約や保険・年金の申請、相続税の計算……。相続では、やらないといけないこ

とは山ほどあります。

　そこで、この本では「いつまでに」「何を」手続きをすればいいのかが一目でわかるようにしています。**付録「手続きする前に知っておきたいこと①」**で、やることを時系列でまとめています。目次にも期限を入れて、いつまでに何をやればいいのかが、すぐにわかるようにしています。

❸手続きの「難しさ」を独自に設定

　相続の手続きには「自分一人でやれる簡単なもの」と「一人では難しく、早めに専門家を頼ったほうがいいもの」があります。しかしその判断は、経験者でないとできません。

　そこで本書では、相続の専門家の声も聞きながら、手続きの「難しさ」を独自に設定し、各見出しに入れています。これによって、自分でやれそうか、専門家に頼ったほうがいいのかの判断をしやすくしています。ぜひ参考にしてください。

❹困ったときに「誰を頼ったらいいのか」を詳しく解説

　相続の手続きは多岐にわたります。サポートできる専門家も「弁護士」「税理士」「行政書士」「司法書士」と、たくさんいます。他にも社会保険労務士、生命保険の担当者、私のようなファイナンシャル・プランナーなどもいます。また、行政機関の窓口などで聞けることもあります。しかし、どんなときにどのプロを頼ったらいいかを、すべて正しく知っている人はほとんどいません。

　相続に関わる専門家が口をそろえて言うことがあります。
「もっと早く相談してくれたら、ここまで大変にならなかったのに……」と。

　そこで本書では、**付録「手続きする前に知っておきたいこと②」**に、誰に何を頼れるのかがはっきりわかるようにまとめました。この章を活用すれば問題が深刻になる前に、専門家に相談ができます。

まずは、本書の全体をざっと流し読みをして、相続にどんな手続きが必要かを、大まかにつかんでください。そして、自分に必要なページを把握して、各手続きをする前にじっくり読んでください。そうすれば、手続きがスムーズに進みます。

　この本は、今まさに手続きをされる方はもちろん、相続の準備をこれからしたい方にも、とても役立ちます。
　一家に１冊、ぜひ手元に置いていただき、困ったときに該当するページを読み返していただけたら嬉しいです。

　相続の手続きのストレスが少しでも軽くなり、大切な方のことを感じられる時間が少しでも増えることを願っています。

加納 敏彦

親・身内が亡くなった後の届出・手続きのすべて

目 次

第1章
大切な人を「亡くした直後」の手続き

付 録

手続きする前に
知っておきたいこと① 「期限」があります

付 録

手続きする前に
知っておきたいこと② 「頼れるプロ」がいます

［カバーデザイン］　福田和雄（FUKUDA DESIGN）
［本文デザイン・図版作成］　五十嵐好明（LUNATIC）
［イラスト］　マツ

大切な人を「亡くした直後」の手続き

　大切な方を亡くした後は、悲しみが大きくて、何もしたくないかもしれません。ただ、そんな中でも、すぐにしなければいけない手続きがいくつもあります。

　この章では、大切な方を亡くした直後の手続きについて「いつ」「何を」したらいいのか、「誰に」相談したらいいのかを解説します。

大切な方が亡くなった直後の流れと手続きを最初に確認しましょう

亡くなった直後の手続きの流れ

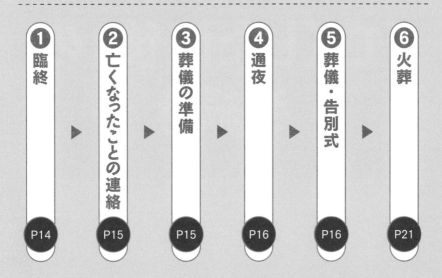

❶ 臨終	❷ 亡くなったことの連絡	❸ 葬儀の準備	❹ 通夜	❺ 葬儀・告別式	❻ 火葬
P14	P15	P15	P16	P16	P21

亡くなった場所で、死亡を証明する書類が変わる

　大切な方が病院で亡くなったときは、医師が死亡の確認をして、霊安室に運ばれます。自宅など、病院以外で亡くなったときは、かかりつけの医師に来てもらうか救急車を呼びます。これらのときは、医師が**「死亡診断書」**を出します。

　そのタイミングで、親族などに亡くなった連絡をするのが一般的です。

　突然死や事故死などのときは、警察に連絡します。犯罪性があるかが調べられ、その後に**「死体検案書」**を受け取ります。

　そして、**死亡届**を出します。

➡P18 死亡届

📝 亡くなったことを連絡するタイミングと方法

亡くなったことの連絡のタイミングや連絡する範囲は、家族や近い親族などで早めに相談して、先に決めておきましょう。

亡くなった連絡は、電話が一番速くて確実です。深夜などの場合は、メールやメッセージアプリなども便利です。

家族や近い親族・親しい友人・関係者には、危篤のタイミングで連絡しておくことが望ましいです。亡く
なったら、その事実だけをすぐに連絡して、葬儀の日時や場所などが決まったら、改めて連絡するとよいでしょう。

**それ以外の人には、葬儀の詳細が決まったあとに、亡くなった連絡と葬儀の連
絡**を一緒にします。そのときは、自分と亡くなった人との関係、いつ亡くなったか、葬儀の日時・場所・形式、喪主の名前と亡くなった人との関係、連絡先などを伝えましょう。

📝 葬儀会社に連絡しましょう

大切な方のご遺体は、病院や警察で長く保管できません。自宅などの遺体安置所に運ぶように言われます。一般的には、遺体の搬送は葬儀会社がしてくれます。**決めている葬儀会社があれば、その会社に連絡しましょう**（一般的には、搬送までに退院の手続きをして、医師に死亡診断書を書いてもらいます）。

葬儀会社が決まっていないときは、急いで決める必要があります。
すぐに決められないときは、搬送だけを依頼しましょう。大切な方が亡くなって辛いときに、冷静に探すのは大変です。付録「手続きする前に知っておきたいこと②」を参考に早めに決めましょう。

➡️P230 葬儀会社に頼れること

資格喪失

変更

相続

税金

支給申請

期限

頼れるプロ

📝 葬儀の基本的な言葉を知っておこう

　葬儀は、誰にとっても慣れていないことなので、基本的な言葉はここで押さえておきましょう。それによって、葬儀会社との打ち合わせがスムーズになります。

　ただし、宗教や宗派によって、内容や言い方は変わります。以下は、一般的な仏式での言葉を説明します。

葬儀	通夜、葬儀式、告別式、火葬までを含む、広い意味を持つ言葉
通夜 	葬儀式・告別式の前日に、親族や親しい友人など、ゆかりの深い人が集まり、夜通し灯りを消さずにご遺体を見守る儀式 ※最近は、夜通しではなく1〜2時間でする「半通夜」も増えている
葬儀式	親族や親しい友人が、亡くなった方の冥福を祈る宗教的な儀式 ※お経を読むことが多い
告別式	会社関係者や近所の人などと、最後のお別れをする社会的な儀式 ※亡くなった方を弔うスピーチや焼香をすることが多い

　最近では、葬儀式と告別式と火葬を同じ日に行う**「一日葬」**も増えています。

　通夜をやるときは、その前日に行うことが多いです。

📝 喪主を決める

喪主は、葬儀を主催する人のことを言います。葬儀についての決定や弔問された方へのあいさつ・対応などを、主催者として行います。

喪主を誰がやるかを、すぐに決める必要があります。誰がやらなければいけないという決まりはありません。残された家族で話し合って決めましょう。古い世代には「男性がなるべき」という考えの方もいますが、もちろん女性でもなれます。

一般的には、**世帯主が亡くなったときは配偶者が、世帯主ではない人が亡くなったときは、世帯主や子どもがやることが多い**です。

➡P57 世帯主とは

喪主と似たもので、**施主**という役割もあります。これは、**葬儀のお金の負担をする人**です。喪主と施主が同じことも多いですが、喪主に経済力がないときなどは、別になることもあります。

📝 六曜を知っておこう

日本の暦には、その日の運勢を示す「六曜」という考え方があります。大安・友引・先勝・先負・赤口・仏滅などです。14世紀に中国から伝わり、幕末以降に広まったと言われています。仏教の用語にも見えますが、仏教とは関係ありません。

特に**「友引」は「友を冥途に引く」という理由から、葬儀などには不吉**とされています。斎場の多くは、友引を休みにしています。また、年末年始も休みのことが多いです。これらを踏まえて、葬儀のスケジュールを葬儀会社と相談しましょう。

1-1

難しさ ★☆☆☆☆　　必ずやる

死亡診断書・死体検案書を書いてもらい死亡届を提出する

7日以内

　大切な方が亡くなったときは、亡くなった事実を市町村の役所に届ける必要があります。その手続きを解説します。

死亡届とは?

死亡届はＡ３サイズで、左半分が死亡届、右半分が死亡診断書（死体検案書）です。

　病院や自宅で亡くなったときは、担当の医師が死亡診断書を出します。事故など亡くなった理由がはっきりしないときは、警察に連絡し、死体検案書を出してもらいます。

死亡届と死亡診断書（死体検案書）

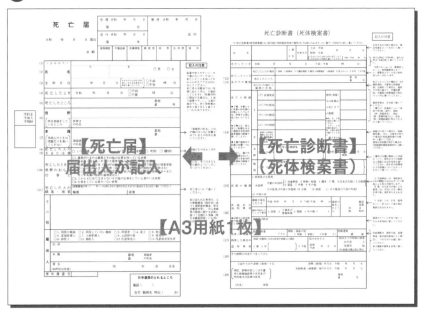

死亡届の提出の方法

入手先	亡くなった病院の医師や警察から委託された医師から ※市区町村の窓口やホームページからも手に入ります
提出する人	親族、同居していた人、家主、地主、後見人など ※提出する人は誰でもかまいません
窓口	亡くなった方の本籍地か、届出をする人の住所地、または 亡くなった場所の役所
提出するもの	**死亡診断書、または死体検案書**
注意点	◉火葬許可申請書と一緒に出してください ➡P21 火葬許可申請書 ◉押印が必要です ◉死亡届は原本を出す必要があり、戻ってきません。出す前に、5部はコピーを取っておくようにしてください ◉最近は、葬儀会社が代行してくれることも多いので相談してみましょう ➡P230 葬儀会社に頼れること
期限	亡くなったことを知った日から**7日以内**（役所が休みのときは次に開いている日でOK） ※国外で亡くなったときは、亡くなったことを知った日から3か月以内 ※**期限までに出さないと、5万円以下の過料が科されるので注意しましょう**

死亡届の書き方のサンプル

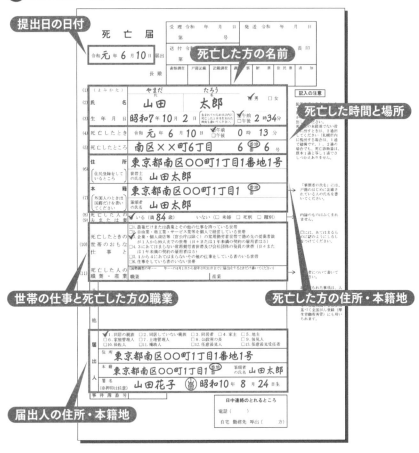

提出日の日付

死亡した方の名前

死亡した時間と場所

世帯の仕事と死亡した方の職業

死亡した方の住所・本籍地

届出人の住所・本籍地

戸籍謄本に死亡が反映されるのは1～2週間後

　死亡届を出すと、戸籍謄本（戸籍全部事項証明書）に「死亡」という欄が加わりますが、反映されるのは**1～2週間後**です。

　相続のいろいろな手続きに「死亡」と載った戸籍謄本がいりますが、早く取得すると、まだ反映されていないことがあります。反映されているか、しっかり確認しましょう。

1-2

難しさ ★☆☆☆☆

必ずやる

7日以内

火葬許可の申請書を出して
許可証を受け取る

火葬や埋葬をするには、死亡届と一緒に、許可の申請書を出し、許可証を受け取る必要があります。それについて解説します。

📝 火葬許可申請書とは?

火葬をするためには、市区町村の許可が必要です。そのための申請書の名前は、市区町村によって違うので注意してください。

📝 火葬許可申請書の提出の方法

提出する人	死亡届を出す人など
窓口	死亡届を出す市区町村の役所 ※死亡届を出す窓口で手に入るのが一般的なので、死亡届と一緒に申請しましょう ※役所のウェブサイトからもダウンロードできます
提出するもの	死亡届 **申請書** ※市区町村によって、形式が違います
注意点	●押印が必要です ●申請のときに火葬料を払うこともあるので、準備しておきましょう ※これも**葬儀会社が代行してくれることが多いので、相談してみましょう。**ただし、状況によっては遺族がしなければならないこともあります
期限	亡くなったことを知った日から**7日以内** ※死亡届と一緒に出しましょう

火葬許可申請書の書き方のサンプル

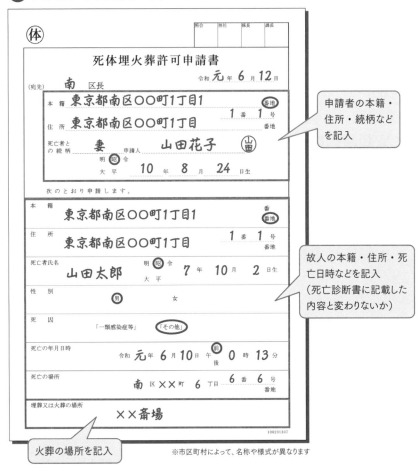

火葬の場所を記入

※市区町村によって、名称や様式が異なります

そのあとの流れ

　役所で火葬許可証を受け取ったら、次は葬儀会社と、葬儀と火葬の日程を決めましょう。

火葬は原則として、亡くなってから24時間が経たないとできず、多くの火葬場（斎場）は友引が休みです。注意をしましょう。

1-3

難しさ ★★★☆☆

該当する
方のみ

なるべく
早く

葬儀・納骨を手配する

　この章のガイダンスで、通夜・葬儀式・告別式について解説しました。1-2で火葬の許可証の取り方を解説しました。この項では、その後の流れを解説します。

　ただし、この流れは宗教や宗派などによって異なります。ここでは、一般的な仏式について説明します。具体的には、葬儀会社と相談しながら進めてください。

📝 火葬の許可証が、埋葬（納骨）の許可証になる

　火葬の許可証は、火葬の当日に、火葬場に出します。火葬を終えたら、骨上げをします。骨上げは、火葬のあとに遺骨を箸で拾い上げて、骨壺に収めることです。拾骨・収骨・骨拾いともいいます。

　火葬が終わると火葬証に「火葬済」と印が押され、それが埋葬の許可証という扱いになります。埋葬の許可証は、墓地に埋葬（納骨）する日まで、大切に保管しましょう。この許可証がないと埋葬ができません。

　火葬のあとは、遺骨迎え、精進落としをします。遺骨迎えは、亡くなった方の遺骨を自宅に迎え、安置

することです。精進落としは、葬儀のあとに、来てくださった方や僧侶を労うために、遺族が用意する食事のことを言います。

📝 そのあとの流れ

- -

　一般的な仏式では、その後に法要を行います。**法要とは、亡くなった方の冥福を祈って供養をする儀式**です（ちなみに法事は、法要の後の会食なども含めて指す言葉です）。

　法要には大きく2つの種類があります。**亡くなった日から日数を数えて行う「忌日（「きび」とも）法要」**と、年単位で行う「年忌法要」**です。

　忌日法要は、初七日や四十九日などです。初七日は、原則的には大切な方の死後、七日目に法要をします。ただ、最近は参列者の予定を考慮して、葬儀式の当日に行うことが多くなっています。これを「繰り上げ初七日法要」と言います。

　年忌法要は一周忌や三回忌（満2年）、七回忌（満6年）などがあります。

　納骨（遺骨をお墓に埋葬すること）は、すでにお墓があるときは、四十九日あたりで行うことが一般的です。期限があるわけではありませんが、遅くとも一周忌までに行うことが多いです。

　お墓がないときは、お墓を買うことを検討する必要があります。お墓を管理する人がいない場合は、お寺や霊園が永代にわたって供養と管理をしてくれる、永代供養という選択肢もあります。

　家族や親族で相談し、何をどこまでやるか、誰まで連絡するか、などを決めましょう。

📝 葬儀の種類を知っておこう

- -

　葬儀にはいくらくらいかかるのでしょうか？　方法によりますので、それぞれの平均の金額は知っておくと、参考にできます。

　以下、鎌倉新書の「お葬式に関する全国調査」から、2020年と2022年のデータを紹介します。

■ 葬儀の種類

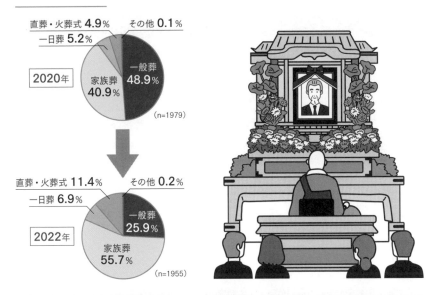

2020年

- 直葬・火葬式 4.9%
- 一日葬 5.2%
- その他 0.1%
- 一般葬 48.9%
- 家族葬 40.9%

(n=1979)

2022年

- 直葬・火葬式 11.4%
- 一日葬 6.9%
- その他 0.2%
- 一般葬 25.9%
- 家族葬 55.7%

(n=1955)

種類	内容
直葬・火葬式	宗教的な儀式がない、火葬だけのお別れ
一日葬	通夜がない、告別式だけの1日のお式
家族葬	通夜・葬儀・告別式のお葬式。参列者は親族や一部の友人・仲間だけ
一般葬	通夜・葬儀・告別式のお葬式で、参列者は知人、地域の方、職場など幅広く集まったお葬式

　2022年の調査では、コロナ禍で一般葬が減って、それ以外が増えていることがわかります。

葬儀にかかるお金の目安を知っておこう

　まずは平均額を解説し、次に種類ごとの金額を紹介します。
　葬儀にかかる費用は、大きく3つあります。

■ 葬儀の平均額

種類	内容	2020年	2022年
基本の料金	斎場の利用料、火葬場の利用料、祭壇、棺、遺影、搬送費など、葬儀を行うための一式（固定費）	119.2万円	67.8万円
飲食費	通夜ぶるまい、告別料理などの飲食（変動費※）	31.4万円	20.1万円
返礼品の費用	香典に対するお礼の品物（変動費※）	33.8万円	22.8万円
総額		184.3万円	110.7万円

※飲食、返礼品は一人当たりかかる費用のため、参列人数に比例して変動します。

　2022年の調査では、コロナ禍を反映して、金額は大きく減りました。コロナ禍で、家族葬などの小規模な開催になったことが影響しています。

　他にも、宗教によっては、**お布施の費用**がかかります。お布施とは、寺院・教会・神社など宗教者への御礼のお金です。）平均は**2020年が23.7万円、2022年が22.4万円**です。

　2020年の調査では、種類別の平均の金額も調査されたので、紹介します。

■ 葬儀の種類別の平均額

種類	直葬・火葬式	一日葬	家族葬	一般葬	2020年平均
基本の料金	44.5万円	85.1万円	96.4万円	149.3万円	119.2万円
飲食費	18.4万円	25.0万円	20.9万円	42.1万円	31.4万円
返礼品の費用	17.4万円	24.7万円	19.8万円	48.0万円	33.8万円
総額	80.2万円	134.9万円	137.1万円	239.6万円	184.3万円

葬儀の種類によって平均額に約３倍の開きがあります。

これらの数字は平均値で、中央値（実際に一番多くの人が出している金額）は、もっと下がります。

葬儀は元々、小規模化の流れがあったので、規模や金額がコロナ前に戻る可能性は低いです。

これらの金額を参考に、いくらお金をかけてどんな葬儀をするのか、家族で決めましょう。

📝 葬儀の費用は、喪主が出すことが多い

相続人で話し合って、誰が負担するかを決めます。話し合いがまとまらないと、家庭裁判所で決めることになりますが、**基本的には喪主が出すことが多い**です。

ただし、遺言で指定があったり、亡くなった方が生前に葬儀会社と契約したりしていたときを除きます。

📝 香典は喪主のものという扱い

葬儀には、入ってくるお金もあります。それが香典です。**香典とは線香やお花などの代わりに、故人へのお悔やみの気持ちをこめてご霊前に供えるお金です**（宗教によって言い方や意味づけ、方法などは変わります）。

受け取った香典の平均は、**2022年が47.2万円で、2020年の約3割減。**これも、コロナ禍が影響したと考えられます。

香典は喪主のものになります。一般的には葬儀の費用に充てますが、香典が葬儀代を上回ったときは、喪主のものになります。ただし、香典返しの支払いも喪主になります。

ちなみに、自分が葬儀のお金を出す立場のときは、香典を包む必要はありません。

1-4

難しさ ★★★☆☆

必ずやる

なるべく
早く

相続の手続きに必要となる
証明書や書類を早めに準備する

　これから行う相続のさまざまな手続きで、いろいろな証明書や書類が必要になります。どんなときに何が必要になるか、先に理解しておきましょう。

📝 相続の手続きで必要になる証明書や書類

住民票	**相続する方が、今どこに住んでいるかを確認する書類**です。 住所が登録されている市区町村の役所で取ることができます。 ※住民票には、本籍地とマイナンバーを載せるかを選ぶことができます。手続きごとに必要になるものが変わりますが「本籍地あり、マイナンバーなし」は取得しておくことをオススメします。 ※住民票の正式な名称は「住民票の写し」ですが、そう書くとコピーでOKだと誤解されそうなので、本書では単に「住民票」としています。銀行などで「住民票の写しを出してください」と言われたら、原本を出してください。
亡くなった方の 住民票の除票 または戸籍の附票	**亡くなった方が最期にどこに住んでいたかや、住所の変更の経緯を確認する書類**です。 すべての住民の登録が消されたものを「除票」と言います。 ※住所の変更の経緯が、住民票だけでは確認できないときは、戸籍（除籍）の附票が必要になるときもあります。 ※住所が登録されている市区町村の役所で取ることができます。取る理由や役所ごとに、必要な書類が変わるので、必ず先に電話で確認しましょう。

住民票のイメージ

印鑑証明書 	遺産分割協議書や銀行などで行う名義の変更などで、相続する人の実印を押すことがあります。その**印が、登録されている正式な実印であることを証明する書類**が印鑑証明書です。 住所が登録されている市区町村の役所で取ることができます。印鑑の登録をしたときに発行された印鑑登録証（印鑑カード）を窓口に出します。（印鑑の登録をしていないときは、その登録から必要になります） **相続の手続きで使う印鑑証明書には有効期限がある**ので注意が必要です。たとえば、銀行や証券会社などの手続きだと発行から6か月以内、借入などの手続きのときは3か月以内が一般的です。不動産の相続登記や相続税の申告のときは期限がありません。 ※これらの手続き以外は、認印で大丈夫です。 ※相続する人が海外にいるときは書類にサインをして、そのサインが本人のものであると証明する「サイン証明書」などを取ることが多いです。日本大使館などに問い合わせてみてください。
戸籍	戸籍とは、**日本人が生まれてから死ぬまでの親族・家族の関係**（いつ・誰から・どこで出まれ、誰と家族・親族で、いつ亡くなったかなど）**について、登録して、公的に証明するもの**です。 さまざまな相続手続きや届け出をするときに「戸籍」が必要になります。それは、**戸籍によって、相続人であることが証明される**からです。 「本籍」と「筆頭者氏名」が書かれていて、本籍地の市町村の役所に保管されています。その役所に行くか郵送で取ることができます。 →P79 戸籍の集め方

🖊 戸籍一式をもとに「法定相続情報の一覧図」を作る

　法律上の相続人についての情報の一覧を作って法務局に申し出ると、写しが交付されます。そうすると、**この写しを戸籍の書類一式の代わりにできます**（2017年に始まった制度です）。

　名義変更や相続税の申告の添付の書類としても使えるので便利です。

　手続き先が多いと、法務局やそれぞれの金融機関に戸籍の書類の一式を出すのが大変です。原本が戻ってこないと、戸籍を取り直さないといけなくなることもあります。法定相続情報の一覧図は**何通でも無料で発行してもらえるので、手続きをしたい銀行や名義変更したい不動産の数をカバーできるだけの枚数を取得しておくと便利**です。

　相続人などが、住んでいる地域の法務局などで、無料で作ることができます。書き方が厳格に決まっているので、作るのを検討される方は、法務局のウェブサイトで確認しましょう。専門家に相談するのもオススメします。司法書士や行政書士に戸籍一式の収集と一覧図の作成を頼むと、手続きがかなり楽になります。

➡P216 司法書士に頼れること
➡P220 行政書士に頼れること

■**法務局「主な法定相続情報一覧図の様式及び記載例」**

https://houmukyoku.moj.go.jp/homu/page7_000015.html

1-5

難しさ ★★☆☆☆

該当する方のみ

適切なタイミングで

亡くなったことを金融機関に連絡し相続の手続きに必要な書類を確認する

　ほとんどの方が金融機関に口座を持っています。亡くなった方が金融機関と取引をしていたときは、相続の手続きが必要になります。

　相続人が決まったら、その財産を相続人に引き継ぎます。その手続きについては、4章で解説します。

➡P114 銀行など金融機関での相続の手続き

　この項では、大切な方が亡くなった直後に、金融機関に連絡し、相続財産をどう確認するかについて解説します。

❶金融機関に連絡する

　大切な方が亡くなったことを、金融機関に伝える必要があります。**連絡先は、亡くなった方が取引していた支店**です。

　金融機関に伝えると、**亡くなった方の口座は凍結されます。**亡くなった方の相続財産を守るためです。（金融機関は、新聞の死亡記事や葬儀の看板を見て、凍結することもあります）

　凍結されると、配偶者や子どもでも、原則としてその口座からの引き出しなどができなくなります。

　貸金庫があるときは、それも凍結されます。開けるためには相続人全員の同意が必要になります。

　公共料金などの引き落としもストップします。引き続き、引

き落としたいときは、急いで相続人などの口座に変更しましょう。

➡P61 公共料金の変更・解約の手続き

賃貸不動産の家賃などの収入があるときは、その入金もされなくなるので注意してください。管理会社と相談し、振込口座の変更を急いでする必要があります。

　亡くなったという情報は、役所や他の金融機関と共有されません。いくつもの金融機関と取引していたときは、すべての金融機関に連絡をする必要があります。

❷残高などを確認する

　その金融機関の資産がわからないときは、**残高証明の請求**をしましょう。**相続財産の金額がわかります。**必要な書類は金融機関によって変わるので、必ず事前に確認してください。

　残高証明の請求は、相続人の一人からでもできます。

❸相続に必要な書類を確認する

　金融機関や遺言書のありなしなどによって、必要な書類が変わります。以下を早めに確認し、**所定の用紙などがあるときは受け取っておきましょう。**

◉必要な書類は何か？　所定の用紙があるか？
◉郵送や別の支店での手続きができるか？
◉戸籍などの原本を返してもらえるか？
◉有効期限のある書類があるか？

　代理人が手続きをするときは、委任状など、さらに別の書類が必要になります。該当するときは、それも確認しましょう。

　これらを確認したら、必要な書類を集めたり、必要な人の署名を集めたりしましょう。

📝 お金を勝手に引き出さないように注意

大切な方が亡くなる前後で、口座が凍結されていなければ、銀行のカードや印鑑などで、引き出しができてしまいます。ただし、他の相続人などに相談せず勝手に引き出すと、**使い込みや横領の疑いをかけられることがある**ので注意してください。どうしても必要なときは、領収書を取ったり、記録をつけたりしましょう。

📝 相続の放棄を考えている方はとくに注意

相続の放棄を考えている方が、**相続財産を少しでも自分のために使ってしまうと「相続をした」と見なされて、相続の放棄ができなくなります。銀行のお金も使わないように注意しましょう。**

➡P98 相続の放棄

📝 預金の払戻し制度もできたが使いにくい

口座が凍結されると、相続財産を誰に分けるか決めるまで、引き出せなくなります。葬儀のお金などが払えないという方もいます。

そこで、**2019年から、亡くなった方の預金から、150万円を上限として払い戻しができる**ようになりました。

> ❶亡くなった方の口座預金残高×1/3×払い戻しを受けたい人の法定相続の割合
> ❷150万円
> の少ない方

ただし、この制度を使うためには、戸籍謄本などが必要になります。必要な書類を揃えるのに、けっきょく大変になります。できたら、葬儀のお金などは、喪主などが準備できると安心です。

難しさ ★★★★☆

該当する
方のみ

4か月
以内

亡くなった方に収入があったときは所得税の準確定申告をする

亡くなった方に、生前に収入があったときは、相続人が代わりに確定申告をする必要があります。これを「準確定申告」と言います。

一般的な確定申告は3月15日が〆切ですが、準確定申告は、亡くなったことを知った日の翌日から4か月以内です。うっかり忘れてしまうと延滞税が科されますので、該当する方は、忘れないようにしましょう。

📝 亡くなった方の準確定申告が必要な場合の例

◉自営業の方
◉不動産賃貸業の方
◉不動産を売ってもうけが出た方
◉株など有価証券を売って、もうけが出た方 　（特定口座で源泉徴収されているときは除く）
◉2か所以上の会社から給料をもらっていた方
◉年金収入が400万円を超えていた方
◉会社からの給与収入が2,000万円を超えていた方
◉給与所得・公的年金による雑所得・退職所得以外の所得が 　20万円を超えていた方

年金収入が400万円以下のときは、申告は任意

　亡くなった方の公的年金などの年金収入が400万円以下で、他の所得も20万円以下のときは、準確定申告は必要ありません。

提出する人	相続人など
窓口	亡くなった方の住所を管轄する税務署 ※郵送、電子申告でも手続きできます
提出するもの	**確定申告書と確定申告書付表** ※税務署の窓口で手に入れます。国税庁のウェブサイトからダウンロードすることもできます
必要な書類	●申告する人のマイナンバーカードと本人確認の書類（免許証など） ●年金や給与の源泉徴収票 ●医療費の領収書など
注意点	**●必要な書類は状況や内容で変わります。**税務署に確認するか、税理士に相談しましょう
期限	亡くなったことを知った日の翌日から**4か月以内**

難しさ ★★★★☆

該当する
方のみ

亡くなった方の事業を引き継ぐときは
青色申告の承認申請書を出す

1か月半〜
4か月以内

　亡くなった方から、不動産賃貸業やそれ以外の事業を引き継ぐときは、所得税の青色申告の承認申請書を出すことをオススメします（相続人がすでに青色申告をしているときは不要です）。

　確定申告には、青色申告と白色申告の２種類があります。白色申告より青色申告のほうが用意する書類も多くなりますが、多くの節税ができます。

　事業を引き継ぐと、原則として所得税の確定申告をする義務も引き継ぎます。この申請書を出しておくと、相続する人が確定申告をするときに、要件に沿って申告すれば、青色申告の特別控除（10万円、55万円、65万円）などの税金の優遇が受けられます。

📝 提出の期限

亡くなった方の状況	相続開始	提出の〆切
青色申告を していなかったとき	1月1日 〜1月15日	3月15日
	1月16日〜	相続開始日から2か月以内
青色申告を していたとき	1月1日 〜8月31日	相続開始日から4か月以内
	9月1日 〜10月31日	その年の12月31日まで
	11月1日 〜12月31日	その年の翌年2月15日まで

この期限を過ぎてしまったときも、次の年の3月15日までに出せば、亡くなった年の翌年から青色申告の優遇が受けられます。

✎ 事業を引き継ぐときは、税理士に相談しましょう

事業を引き継いだときは、開業・廃業等届出書や源泉所得税や消費税についての書類など、いろいろな書類を出す必要があります。複雑なので、必ず税理士に相談しましょう。

本人確認の書類で、顔写真がないときは？

　相続の手続きをするとき、窓口で本人確認のための書類を出すように言われることがよくあります。

　本人確認の書類は、顔写真つきの運転免許証・パスポート・マイナンバーカード（個人番号カード）などが好ましいです。

　しかし、これらがないときはどうしたらいいでしょうか？　そのときは、**顔写真がない書類を2つ出す**ことが多いです。たとえば、健康保険証や年金手帳などです。

　これらが2つ以上ないときは、現住所と名前が書かれた公共料金の領収書が必要になるときもあります。顔写真つきのものがないときは、何が必要になるか、先に確認しておきましょう。

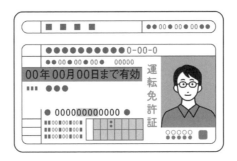

第 2 章

亡くなった人の「資格喪失」の手続き

　葬儀を終えたあとも、相続の手続きはたくさんあります。

　ここでは「健康保険」や「公的介護保険」の資格喪失の手続き、「公的年金」の受給停止の手続きなど、亡くなった方の資格や権利がなくなることの手続きの代表的なものについて解説します。

　あわせて、運転免許証・パスポートの返納、クレジットカードの解約についても解説します。

「資格喪失」の手続きを確認しよう

📝 資格の喪失の手続き一覧

❶健康保険の資格喪失の手続き	5日、14日以内	P41
❷公的介護保険の資格喪失の手続き	14日以内	P45
❸亡くなった方が年金を受け取っていたときは受給の停止の手続き	10日、14日以内	P47
❹運転免許証・パスポートの返納、クレジットカードの解約	なるべく早く	P52

📝 期限の早いものが多いので注意!

　この章では「健康保険」や「公的介護保険」の資格喪失の手続き、「公的年金」の受給停止の手続きなど、亡くなった方の資格や権利がなくなることの手続きについて解説します。期限が早いものが多いので、該当する方は注意してください。

　特に、**年金の受給の停止の手続きをし忘れると「不正受給」で大問題になることがあります。**過払いの請求が来てしまいますので、忘れずに手続きしましょう。

　あわせて、運転免許証・パスポートの返納、クレジットカードの解約についても解説します。

　ここで紹介するものは、よくある代表的なものです。他にもないか、窓口で確認しましょう。

2-1

健康保険の資格喪失の
手続きをする

難しさ ★★☆☆☆

必ずやる

5日、14日
以内

　国の健康保険の制度は、病気やケガに備えて、みんなでお金を出し合い、医療を実際に受けたときに、医療費が援助される仕組みです。入ることが国民すべてに義務づけられています。

　健康保険の制度は大きく3つに分かれます。「国民健康保険」「後期高齢者医療保険」「健康保険」です。

「国民健康保険」は、自営業者・農業者・無職の方、これらの方に扶養されている家族などが加入する制度です。

「後期高齢者医療保険」は、75歳以上の方が加入する制度です。

「健康保険」は、会社員の方やその方に扶養されている家族などが加入する制度です。

　亡くなると、その翌日から援助を受ける資格がなくなるので、資格が喪失した手続きをして、保険証などを返します。

　そのときは、埋葬料などの請求も一緒にしましょう。

　次のページから、それぞれについて詳しく解説します。

➡P165 埋葬料の請求

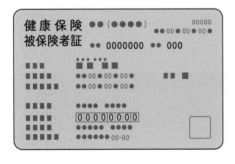

自営業などで「国民健康保険」に入っていたとき

対象者	亡くなった方が、自営業者・農業者・無職の方、これらの方に扶養されていた家族など
提出する人	世帯主、同一の世帯の人など
窓口	亡くなった方が住んでいた市区町村の役所 ※郵送でも手続きできるところもあります
提出するもの	**国民健康保険の資格喪失届** ※窓口で手に入れます。ウェブサイトからダウンロードできるところもあります
返すもの	国民健康保険の被保険者証
必要な書類	◉亡くなったことを証明するもの（火葬許可証、死亡診断書など） ◉印鑑　など ※届出する人のマイナンバーがわかるものや本人確認の書類が必要になるときもあります ※**自治体や状況によって必要なものが変わります。**窓口に必ず確認してください
注意点	◉世帯主が亡くなったときは、世帯全員の分を返します。世帯主を書き換えた新しい健康保険証を発行してもらう必要があります ➡P57 住民票の世帯主の変更
期限	亡くなった日から**14日以内**

75歳以上で「後期高齢者医療保険」に入っていたとき

対象者	亡くなった方が75歳以上のとき ※65～74歳で障がいのある方を含む
提出する人	世帯主、同一の世帯の人など
窓口	亡くなった方が住んでいた市区町村の役所
提出するもの	**後期高齢者医療の資格喪失届** ※窓口で手に入れます。ウェブサイトからダウンロードできるところもあります
返すもの	後期高齢者医療の被保険者証
必要な書類	●亡くなったことを証明するもの（火葬許可証、死亡診断書など） ●印鑑　など ※届出する人のマイナンバーがわかるものや本人確認の書類が必要になるときもあります。相続人の印鑑や預金通帳が必要なこともあります ※**自治体や状況によって必要なものが変わります。**窓口に必ず確認してください
期限	亡くなった日から**14日以内**

会社員などで国民健康保険以外に入っていたとき

対象者	亡くなった方が会社員など
提出する人	基本的には会社の担当者
窓口	基本的には会社の担当部署
提出するもの	**健康保険・厚生年金保険の被保険者資格の喪失届**
返すもの	健康保険・厚生年金保険の被保険者証 ※扶養されていた家族がいたら、その分も
必要な書類	**会社や状況によって必要なものが変わります。**担当者に確認しましょう
注意点	●亡くなった方の扶養に入っていた家族は、別の家族の扶養に入らない場合は、国民健康保険への切り替えの手続きが必要になります。その手続きは本人がやらなければなりません。お住まいの市区町村に「国民健康保険関係届」を出します。郵送でもできます
期限	亡くなった日から**5日以内**

2-2

公的介護保険の資格喪失の手続きをする

難しさ ★★★☆☆

主に65歳以上の方

14日以内

　国の介護保険の制度は、介護に備えて、みんなでお金を出し合い、介護が実際に必要なときに、介護サービスが受けられる仕組みです。40歳から国民すべてに入ることが義務づけられています。

　65歳以上の方、または40歳以上65歳未満で要介護・要支援の認定を受けていた方が亡くなったときは、資格が喪失した手続きをして、保険証などを返します。

📝 介護保険の被保険者証を返す方法

対象者	亡くなった方が ●**65歳以上の方** ●**40歳以上65歳未満で要介護・要支援の認定を受けていた方** ※40歳以上65歳未満で要介護・要支援の認定を受けていない方が亡くなったときは、手続きは不要
提出する人	世帯主、同一の世帯の人など
窓口	亡くなった方が住んでいた市区町村の役所 ※郵送でも手続きできるところもあります
提出するもの	**介護保険の資格喪失届** ※窓口で手に入れます。ウェブサイトからダウンロードできるところもあります
返すもの	介護保険の被保険者証 ※ケアマネージャーが持っていることもあります。見当たらないときは聞いてみましょう

必要な書類	◉亡くなったことを証明するもの（火葬許可証、死亡診断書など） ◉印鑑　など ※届出する人のマイナンバーがわかるものや本人確認の書類が必要になるときもあります ※**自治体や状況によって必要なものが変わります。**窓口に必ず確認してください
注意点	◉**保険料を多く納めすぎていたとき**は、お金が戻ります。「還付通知書」「還付請求書」などが送られてくるので、記入して返送しましょう ◉**保険料が不足していたとき**は、納付書が送られますので、振り込みましょう ◉**介護保険サービスの利用料は上限があり、それを超えたとき**は、相続人が申請しても戻ります（相続税の対象になります）。該当しそうなときは、保険証を返すときに、手続きを確認しましょう
期限	亡くなった日から**14日以内**

2-3

難しさ ★★★★★

年金を受給の方

10日、14日以内

亡くなった方が年金を受け取っていたときは受給の停止の手続きをする

亡くなった方が年金を受け取っていたときは、国民年金のときは14日以内、厚生年金のときは10日以内に、受け取りを停止する手続きをする必要がありま

10日、14日

す。手続きを忘れると「不正受給」で大問題になることがあります。過払いの請求も来てしまいますので、忘れずに手続きしましょう。

📝 マイナンバーが収録されているときは手続きは要らない

日本年金機構に、亡くなった方のマイナンバーが収録されているときは、手続きは要りません。役所に死亡届を出すことで、その情報が年金事務所にも共有されるからです。マイナンバーが収録されているかは、年金事務所に問い合わせればわかります。

マイナンバーが収録されていないときは、年金の受給の停止の手続きをします。次のページの表を参照ください。

📝 未支給の年金の請求の方法

年金は「4月分と5月分は6月支給」のように後払いです。亡くなった月の分まで受け取れるので、未支給の分が発生します。受給の停止と一緒に手続きをしましょう。受給の停止と未支給の年金の請求の書類はセットになっているので、併せて手続きができます。

■ 公的年金の「受給の停止」と「未支給の年金の請求」

対象者	亡くなった方が年金を受け取っていたとき （原則、65歳以上）
提出する人	亡くなった方と生計を共にしていた ❶配偶者 ❷子ども ❸父母 ❹孫 ❺祖父母 ❻兄弟姉妹 ❼それ以外の三親等の順 ※同じ順位の人が二人以上いるときは、一人が代表して請求して、代表して受け取り分けます ※相続人でも、生計を共にしていないと請求できません
窓口	最寄りの年金事務所、または年金相談センター ※亡くなった方が、障害基礎年金・遺族基礎年金だけを受け取っていたときは、住んでいた市区町村の役所
提出するもの	**年金受給権者の死亡届** ※年金事務所の窓口で手に入ります。日本年金機構のホームページからもダウンロードできます **未支給年金・未支払給付金の請求書** ※年金受給者の死亡届の用紙とセットになっているので、一緒に手続きができます
必要な書類	◉亡くなった方の年金証書（ないときは、年金受給者の死亡届に理由を記入します） ◉亡くなったことを証明するもの（死亡診断書など） ◉亡くなった方と請求者の関係を証明する書類 ◉亡くなった方の住民票（除票）と、請求者の世帯全員の住民票など ◉受け取りたい金融機関の通帳 ◉亡くなった方と請求する人が別世帯のときは「生計同一についての別紙の様式」　など
注意点	◉支給された年金は一般的な遺産とならず、受け取った人の一次所得になります。遺産分割協議の対象になりません
期限	亡くなった日から、**国民年金は14日以内、厚生（共済）年金は10日以内**

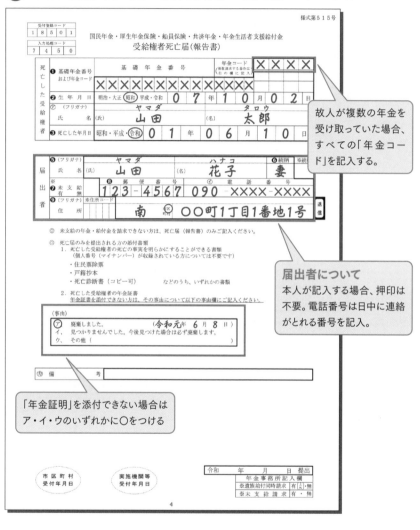

📝 年金受給権者の死亡届（2枚目）の書き方のサンプル

様式第515号

受付整理コード
1 8 5 0 1

入力処理コード
7 4 5 0

国民年金・厚生年金保険・船員保険・共済年金・年金生活者支援給付金

受給権者死亡届（報告書）

死亡した受給権者

❶ 基礎年金番号および年金コード　基礎年金番号　年金コード（複数請求する場合は右の欄に記入）

❷ 生年月日　明治・大正・**昭和**・平成・令和　0 7 年 1 0 月 0 2 日

⑦（フリガナ）ヤマダ　タロウ
氏名（氏）山田（名）太郎

❸ 死亡した年月日　昭和・平成・**令和** 0 1 年 0 6 月 1 0 日

> 故人が複数の年金を受け取っていた場合、すべての「年金コード」を記入する。

届出者

❺（フリガナ）ヤマダ　ハナコ　❻続柄 ※続柄
氏名（氏）山田（名）花子　妻

❼未支給有無　❽郵便番号　⑦電話番号
1 2 3 - 4 5 6 7　090 - XXXX - XXXX

❾（フリガナ）※住所コード
住所　南㋖○○町1丁目1番地1号

◎ 未支給の年金・給付金を請求できない方は、死亡届（報告書）のみご記入ください。

◎ 死亡届のみを提出される方の添付書類欄
　1．死亡した受給権者の死亡の事実を明らかにすることができる書類
　　（個人番号（マイナンバー）が収録されている方については不要です）
　　・住民票除票
　　・戸籍抄本
　　・死亡診断書（コピー可）　　などのうち、いずれかの書類
　2．死亡した受給権者の年金証書
　　年金証書を添付できない方は、その事由について以下の事由欄にご記入ください。

（事由）
⑦ 廃棄しました。　　　　　（令和元年 6 月 8 日）
イ、見つかりませんでした。今後見つけた場合は必ず廃棄します。
ウ、その他（　　　　　　　　　　　　　　　　　　　　　　）

㋚ 備考

> 届出者について
> 本人が記入する場合、押印は不要。電話番号は日中に連絡がとれる番号を記入。

> 「年金証明」を添付できない場合はア・イ・ウのいずれかに〇をつける

市区町村受付年月日　　実施機関等受付年月日

令和　年　月　日 提出
年金事務所記入欄
㋥遺族給付同時請求 有 ⚡・無
㋥未支給請求 有・無

4

未支給年金・未支払給付金の請求書（1枚目）の書き方のサンプル

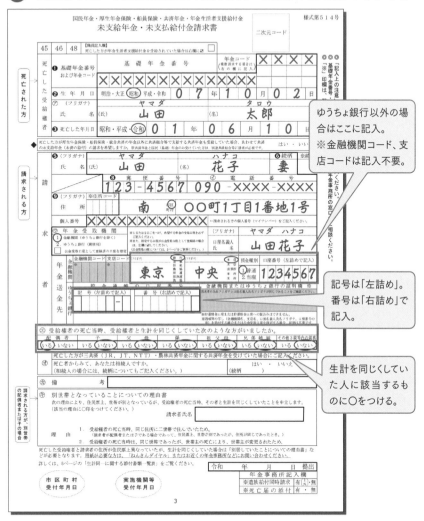

ゆうちょ銀行以外の場合はここに記入。
※金融機関コード、支店コードは記入不要。

記号は「左詰め」。
番号は「右詰め」で記入。

生計を同じくしていた人に該当するものに〇をつける。

50

📝 年金事務所やねんきんダイヤルに相談しよう

年金の制度は複雑で、細かい条件があります。実際の支給の条件や金額、不明点などは、最寄りの年金事務所やねんきんダイヤルに相談しましょう。

➡P228 ねんきんダイヤル

2-4

難しさ ★☆☆☆☆ 　該当する方のみ

運転免許証・パスポートの返納、クレジットカードの解約をする

なるべく早く

　亡くなった方が持っていた運転免許証やパスポート、クレジットカードはどうすればいいのか、解説します。

　また、マイナンバーカードについても解説します。

📝 運転免許証は返納がオススメ

　亡くなった方が運転免許証※を持っていたとき、**返すのは義務ではありません。**返さなくても、効力は自動的になくなります。

　ただし、返納しないと、更新の通知が届き続けます。また、盗まれたり、なくしたりしたときに、悪用される可能性があります。そこで、返納しておくことをオススメします。

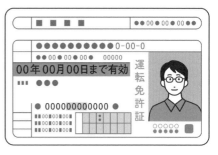

窓口	亡くなった方の住所を管轄する警察署や運転免許センター
返納するもの	亡くなった方の運転免許証
必要な書類	●亡くなったことを証明するもの（死亡診断書など） ●手続きに行く方の本人確認の書類（運転免許証など）
期限	期限はありません。なるべく早く手続きしましょう

※運転経歴証明書も同じように返納できます

パスポートは返納する必要がある

　パスポートも、亡くなった時点で効力を失います。しかし、**法律で返納が義務づけられています。** 盗まれたり、なくしたりしたときに、悪用される可能性があるので、速やかに手続きをしましょう。

窓口	最寄りのパスポートセンター
返納するもの	亡くなった方のパスポート
必要な書類	●亡くなったことを証明するもの（死亡診断書など） ●手続きに行く方の本人確認の書類（運転免許証など）
期限	期限はありませんが「遅滞なく」返納する必要があります。なるべく早く手続きしましょう

マイナンバーカードは返納しなくてOK

　死亡届を出すと、マイナンバーは自動的に失効します。そのため、**マイナンバーカードや通知カードを返すのは不要です。**

クレジットカードは、会社に問い合わせを

　カード会社によって、解約の手続きの方法は変わります。電話で問い合わせましょう。

　亡くなった方の未払いの分は、相続人が払う必要があります（相続税の計算では、債務として控除できるので、明細は保管しておいてください）。

亡くした直後

資格喪失

変更

相続

税金

支給申請

期限

頼れるプロ

「税制改正大綱」を知っておこう

「税制改正大綱」という言葉をご存知でしょうか？　相続のことを
考えるときに、特に知っておくといい言葉です。「税制（税金についての制度）」は世の中の変化に合わせて、改正が毎年されています。

各省庁が「こう変えてほしい」と要望を出して、与党（税制調査会が中心）が取りまとめます。そして、「こう変えていこう」という方針の叩き台を作ります。これが「税制改正大綱」です。

その叩き台を検討して、12月に閣議（内閣総理大臣と国務大臣による会議）で決定します。

これはまだ「政府」の決定であり、国会での正式な決定ではありません。ここから、この大綱をもとに法律の案が作られ、国会で審議されて、3月に法律として成立します。そして、**4月（翌年度）以降から、新しい法律が施行**されます。これが一般的な流れです。

ここで**ポイントになるのが、12月に閣議で決まる「税制改正大綱」**です。閣議で決まったことが否認されたり、大幅な修正になったりすることはあまりありません。つまり、**12月のタイミングで翌年度からの改正の方向性がつかめる**のです。

2022年12月16日に閣議で決定された、2023年度の「税制改正大綱」は、大きな改正がたくさんありました。相続税・贈与税についても、大きな変更がいくつもありました。

マスコミも、閣議決定のこのタイミングで大きく取り上げることが多いです。12月は特に、ニュースにアンテナを張ったり「税制改正大綱　〇〇年度」などとネットで検索したりして、最新の情報をぜひキャッチしましょう。

第 3 章

支払い方法などの「変更」の手続き

　大切な方が亡くなると、いろいろな契約や登録などを「変更」が必要になることがあります。該当しないか、この章で確認しましょう。

　世帯主が亡くなったときは「住民票の世帯主を変更」、公共料金や電話などの契約者が亡くなったときはその「変更・解約」の手続きが必要になります。

　また「変更」とは少し違いますが、結婚前の名字に戻したいときの手続き、お墓を改葬したいときの手続きもあわせて解説します。

「変更」の手続きを確認しよう

📝 変更の手続き一覧

❶世帯主が亡くなったときは 住民票の世帯主を変更	14日以内	P57
❷公共料金などの変更・解約の 手続き	なるべく早く	P61
❸電話などの変更・解約の手続き	なるべく早く	P62
❹結婚前の名字に戻したいときは 復氏届を出す	期限なし	P63
❺お墓を改葬したいときは 改葬許可の申請書を出す	期限なし	P67

📝 世帯主の変更は「14日」と期限が早いので注意

　大切な方が亡くなると、いろいろな契約や登録などを「変更」が必要になることがあります。たとえば、世帯主が亡くなったときは「住民票の世帯主を変更」、公共料金や電話などの契約者が亡くなったときはその「変更・解約」の手続きが必要です。

　世帯主の変更は「14日以内」と期限が早いので、該当する方は注意してください。

　また「変更」とは少し違いますが、結婚前の名字に戻したいときの手続き、お墓を改葬したいときの手続きもあわせて解説します。

　ここで紹介するものは、よくある代表的なものです。他にもないか、窓口などで確認しましょう。

3-1

難しさ ★★☆☆☆

該当する
方のみ

14日以内

世帯主が亡くなったときは
住民票の世帯主を変更する

世帯主が亡くなり、残った世帯員が二人以上になるときは、誰が世帯主になるかはっきりしなくなります。そのため、世帯主変更届（住民移動届）を出して、世帯主を変更する必要があります。

しかも、期限が14日以内と短いので注意が必要です。通常は、死亡届と一緒に出します。

➡P18 死亡届

📝 世帯主とは世帯の代表者

世帯主とは、1つの住民票の中の世帯の代表者を指します。一般的に、世帯の生計を担っている人がなっていることが多いですが、15歳以上であれば誰でもなることができます。

世帯主の変更の方法

対象者	亡くなった方が世帯主だったとき
提出する人	新しい世帯主になる方、または同じ世帯の方 ※委任を受けた代理人でもできます
窓口	亡くなった方が住んでいた市区町村の役所
提出するもの	**世帯主変更届（住所異動届）** ※様式は市区町村によって違います。転居などで使う住民異動届と同じであることが多いです ※役所の窓口で手に入ります。ウェブサイトからダウンロードできるところも多いです
必要な書類	●窓口に行く方の本人確認の書類（運転免許証、マイナンバーカード、パスポートなど） ●国民健康保険証（加入している方のみ）など ※代理人のときは、委任状
注意点	●押印が必要です（認印でOK、届出人が署名したときは不要） ●手続きが終わったら、住民票の写しを取って、正しく変更されたか、念のため確認しましょう
期限	亡くなった日から**14日以内** ※期限を過ぎると5万円以下の過料が科されることがあるので、忘れないようにしてください

世帯主変更届（住所異動届）の書き方のサンプル

市区町村によって「世帯主変更届」「住民異動届」などさまざま

届出人は新しい世帯主または同じ世帯の人

※様式は市区町村によって違います

世帯全員の名前を記入する

📝 世帯主の変更がいらないケースもある

　以下のようなときは、新しい世帯主が明らかなので、変更の必要
はありません。

◉一人暮らしの方が亡くなったとき
◉世帯主が亡くなり、世帯に残った方が一人だけのとき
◉世帯に残った方が、配偶者と15歳未満の子どもであるとき

3-2 公共料金などの変更・解約の手続きをする

難しさ ★☆☆☆☆

該当する方のみ

なるべく早く

　公共料金などの契約者が亡くなったときの、変更や解約の手続きを解説します。

　亡くなった方の口座を銀行などの金融機関が凍結すると、公共料金などの自動引き落としもできなくなります。期限はありませんが、料金が引き落としされず、使えなくなる可能性もあります。なるべく早く、手続きをしておきましょう。

残されたご家族が使うとき

　変更の手続きが必要です。支払い口座の変更も必要になります。

誰も使わなくなるとき

　解約の手続きが必要です。

電気	毎月届く利用明細などに書かれたサービスセンターなどに電話しましょう。亡くなった方が一人暮らしだったときは、部屋の片づけが終わってから解約しましょう。
ガス	毎月届く利用明細などに書かれたサービスセンターなどに電話しましょう。解約のとき、栓を閉じる作業に立ち会う必要があることがあるので、確認しましょう。
水道	水道局から2か月に1回届く、水道料金の利用明細などに書かれたサービスセンターなどに電話しましょう。
NHK	NHKふれあいセンターに電話しましょう。変更の手続きによっては、NHKのウェブサイトからもできます。

電話などの変更・解約の手続きをする

　亡くなった方の口座を銀行などの金融機関が凍結すると、いろいろな自動引き落としができなくなります。変更・解約について解説します。

早めに手続きしよう

　期限はありませんが、**放置すると解約するまで料金を請求されます。**なるべく早く、手続きをしておきましょう。

NTTの固定電話	「電話加入権」という財産を相続する手続きが必要です。戸籍謄本などを添付すると、郵送で手続きできます。**電話加入権は、相続税の課税の対象になる**ので、注意しましょう。
携帯電話	解約は窓口のみというところが多いです。会社ごとに必要な書類が異なります。サービスセンターに電話をして、確認しましょう。ただし、**訃報を人づてに聞いた方から、亡くなった方の携帯電話に電話がかかってくることがあります。**解約のタイミングを少し遅らせて、いつでも電話が取れるようにしておくことも検討するといいかもしれません。
インターネット回線	電話やインターネットで手続きができるところが多いです。早めに手続きしましょう。

3-4

結婚前の名字に戻したいときは復氏届を出す

難しさ ★★☆☆☆

該当する方のみ

期限なし

　夫婦のどちらかが亡くなったとき、残された配偶者が名字を旧姓に戻したいと考える方もいるかもしれません。その方法を解説します。

📝「復氏」とは旧姓に戻すこと

　婚姻前の氏（姓）に戻すことを「復氏」といいます。**残された方の意思だけで自由に決めることができます。**旧姓に戻したいときは「復氏届」を出します。

提出する人	亡くなった方の配偶者
窓口	残された配偶者の本籍地、または住んでいる市区町村の役所
提出するもの	**復氏届** ※役所の窓口で手に入ります
必要な書類	◉戸籍謄本(本籍地に出すときは不要) ◉婚姻前の戸籍謄本(結婚前の戸籍に戻るとき) ◉印鑑　など
注意点	**◉結婚前の戸籍に戻りたくないときは、分籍届を出し、新しい戸籍をつくる必要があります**
期限	死亡届を出したあとであれば**期限はなし** ※亡くなった配偶者が外国人のときは、亡くなった日の翌日から3か月以内。それを過ぎると、家庭裁判所の許可が必要になります

📝 子どもの姓を変えるには別の手続きが必要

- -

　子どもの名字も変更したいときは、別の手続きが必要なので注意してください。まず、家庭裁判所に子の氏の**変更許可申立書**を出します。その許可が出たあとに、**入籍届**を出して、自分と同じ戸籍に入れます。

■ 子の氏の変更許可申立書の手続き

提出する人	子ども本人 ※15歳未満のときは、子どもの法定代理人
窓口	子どもが住んでいるところの家庭裁判所
提出するもの	**子の氏の変更許可申立書** ※裁判所の窓口で手に入ります。裁判所のウェブサイトからダウンロードもできます
必要な書類	●子の現在の戸籍謄本と入籍先の戸籍謄本 ●印鑑　など
期限	期限はなし

■ 入籍届の手続き

提出する人	子ども本人 ※15歳未満のときは、子どもの法定代理人
窓口	子どもの本籍地、または住んでいる市区町村の役所
提出する もの	**入籍届** ※裁判所の窓口で手に入ります
必要な書類	●**子の氏の変更許可の審判書（家庭裁判所から交付）** ●子どもの戸籍謄本 ●父母の戸籍謄本　など
期限	期限はなし

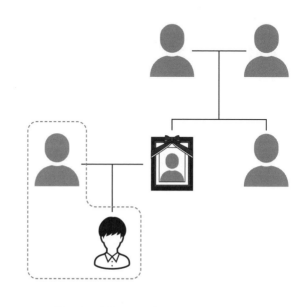

亡くなった配偶者の親族との関係を終えたいとき

　結婚することで生じる、配偶者の父母や兄弟姉妹との法律上の関係を「姻族関係」と言います。姻族関係は離婚をすると自動的に消滅します。しかし、配偶者が亡くなったときは、上記のように復氏届で旧姓に戻しても、亡くなった配偶者の親族との姻族関係は続きます。義理の両親との親子関係は続き、扶養の義務もあります。

　その姻族関係を終わらせたいときは**「姻族関係終了届」**を出します。

提出する人	亡くなった方の配偶者
窓口	残された配偶者の本籍地、または住んでいる市区町村の役所
提出する もの	**姻族関係終了届** ※役所の窓口で手に入ります
必要な書類	●亡くなった配偶者の死亡事項が書かれた戸籍（除籍）謄本 ●印鑑　など
注意点	●この届を出しても、**子どもと亡くなった配偶者の親族との関係はそのまま続きます**
期限	期限はなし

3-5

難しさ ★★★★☆

該当する
方のみ

期限なし

お墓を移したい（改葬）ときは
改葬許可の申請書を出す

　大切な方が亡くなったことで「今あるお墓を別の場所に移したい」と思う方もいるかもしれません。この章の「変更」とは少し違いますが、その方法を解説します。

📝 改葬と墓じまい

　改葬とは、すでに埋葬されている遺体や遺骨を、別のお墓に移すことを言います。法律で定められているので、所定の手続きを踏む必要があります。

　近い言葉に「墓じまい」があります。これはお墓を撤去して、更地に戻すことを言います。

📝 改葬の手続きの流れ

---

❶受入の証明書（墓地の使用許可証）をもらう

まず、新しいお墓を用意します。そして、新しいお墓の管理者から、**受入の証明書**（墓地の使用許可証）を出してもらいます。

❷改葬許可の申請書を準備する

今のお墓がある市区町村の役所で**改葬許可の申請書**を受け取ります。次に、今のお墓の管理者の理解を得て、**埋葬の証明書**にサインと押印をもらいます。誠意をもって改葬の理由を説明し、これまでの感謝を伝えて、理解を得ましょう。

※埋葬の証明書は、改葬許可の申請書とセットになっていることもあります。

※状況によっては、❶の前に❷を先にすることもあります。

❸改葬の許可書をもらう

埋葬証明書にサインと押印をもらったら、改葬許可申請書を、今のお墓がある市区町村の役所に出し、**改葬の許可書**を出してもらいます。

❹改葬の許可書を出す

改葬の許可書を、新しいお墓の管理者に提出し、手続きは完了します。新しいお墓への納骨を行います。

※古いお墓の「魂抜き」という供養をすることがあります。そのときは、その手配も必要です。

※新しいお墓で、納骨の法要と同時にお墓の魂入れ（開眼供養）を行うことがあります。そのときはその手配も必要です。

📝 改葬許可申請書の書き方のサンプル

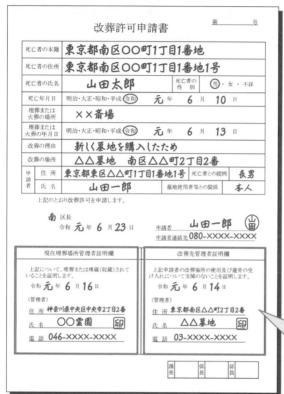

改葬許可申請書　　　　第　　　号

死亡者の本籍	東京都南区○○町1丁目1番地		
死亡者の住所	東京都南区○○町1丁目1番地1号		
死亡者の氏名	山田太郎	死亡者の性別	ⓜ男・女・不詳
死亡年月日	明治・大正・昭和・平成㊑和　元年　6月　10日		
埋葬または火葬の場所	××斎場		
埋葬または火葬の年月日	明治・大正・昭和・平成㊑和　元年　6月　13日		
改葬の理由	新しく墓地を購入したため		
改葬の場所	△△墓地　南区△△町2丁目2番		
申請者 住所	東京都東区△△町1丁目1番地1号	死亡者との続柄	長男
申請者 氏名	山田一郎	墓地使用者等との関係	本人

上記のとおり改葬許可を申請します。

南区長
令和　元年　6月　23日　　　　申請者　山田一郎　㊞
　　　　　　　　　　　　　　申請者連絡先080-××××-××××

現在埋葬場所管理者証明欄	改葬先管理者証明欄
上記について、埋葬または埋蔵（収蔵）されていることを証明します。 令和　元年　6月　16日 （管理者） 住所　神奈川県中央区中央市2丁目2番 氏名　○○霊園　㊞ 電話　046-××××-××××	上記申請者の改葬場所の使用及び遺骨の受け入れについて支障のないことを証明します。 令和　元年　6月　14日 （管理者） 住所　東京都南区△△町2丁目2番 氏名　△△墓地　㊞ 電話　03-××××-××××
課長	係長	係員

> 改葬許可申請書は、サンプルのように、埋葬の証明書や受入の証明書とセットになっていることもあります。市区町村によって様式が違うので、窓口で必ず確認してください。

📝 高額に感じる離檀料が請求されることも

　今のお墓の管理者から、高額に感じる離檀料（り だんりょう）を請求されることがあります。離団料とは、これまでお世話になったことへの感謝の気持ちを表したお礼として、お寺に渡すお布施です。相場がないためトラブルになることがあります。ただ、**お寺と揉めると埋葬の証明書をもらえないことがあります。**誠実に話し合って、お互いに納得することが大切です。それでも納得できないときは、弁護士や市区町村の役所の消費者センターなどに早めに相談しましょう。

コラム

「遺産を寄付したい」と言われていたときの注意点

　最近は「遺産の一部を、慈善団体や学校などに寄付をしたい」と考える方が増えています。そう書かれた遺言書が見つかるかもしれません。そこで、その方法を解説します。

　寄付の方法は大きく2つあります。**「遺言書による寄付」**と**「相続人による寄付」**です。

　1つめの**「遺言書による寄付」**は、法律用語では**「遺贈」**と言います。この場合は、亡くなった方の財産が寄付先に直接的に移転するとみなされるので**相続財産にならず、相続税はかかりません。**

遺言書による寄付

相続人による寄付

　2つめの**「相続人による寄付」**は「寄付したい」という意思を生前に伝えられていたようなケースです。寄付したい財産を相続人がいったん相続することになります。だから原則として**相続税の課税の対象になる**※ので注意が必要です。寄付したいという希望に沿うかは、相続した人の意思になります。

　他にも注意することがいろいろあります。**寄付を検討するときは、相続の専門家に相談**することをオススメします。

※国・地方公共団体・特定の公益法人などに対する寄付で、一定の場合には相続税が非課税になります。

第 4 章

大切な人が残してくれた 「相続」の 手続き

　この章では、亡くなった方が残してくれた財産をどうやって引き継げばいいのか、その考え方と手続きの方法を解説します。

　相続の手続きには「いつまでに手続きをしなければならない」という、期限のあるものもあります。その期限をすぎてしまうと、手続きができなくなったり、損をしたりすることもあります。特に、相続の放棄の期限は「3か月」と、とても短いです。「亡くなった方が借金をしているかもしれないので、放棄も検討したい」と思う方は、期限に特に注意してください。

　まずは全体の流れと内容をこの章で押さえて、ご自身に関係のある手続きを確認ください。そして、期限に間に合うように早めに動きましょう。

相続財産を正しく引き継ぐための「流れ」「基本ルール」「手続き」を押さえよう

相続財産を引き継ぐ流れ

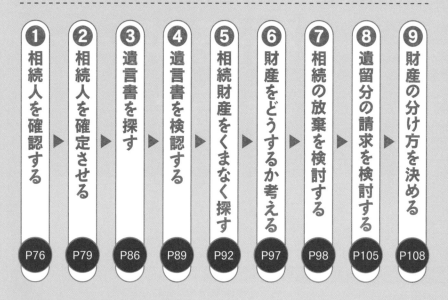

❶ 相続人を確認する	❷ 相続人を確定させる	❸ 遺言書を探す	❹ 遺言書を検認する	❺ 相続財産をくまなく探す	❻ 財産をどうするか考える	❼ 相続の放棄を検討する	❽ 遺留分の請求を検討する	❾ 財産の分け方を決める
P76	P79	P86	P89	P92	P97	P98	P105	P108

相続の手続き一覧

⑩銀行など、金融機関での相続の手続き	すみやかに	P114
⑪株式などがあるときの相続の手続き	すみやかに	P115
⑫自動車があるときの相続の手続き	すみやかに	P116
⑬不動産があるときの相続の手続き	3年以内	P118
⑭ゴルフ会員権など、その他の相続財産があるときの相続の手続き	すみやかに	P120

財産を分けるときには「2つ」の基本ルールがある

遺言書が

❶ある — 「遺言書の通り」に分ける

❷ない — 相続人「全員」の話し合いで決める

　この2つが基本的なルールです。ただし、遺言書があっても、相続人全員の合意があれば、分け方を変えることもできます。だから、**遺言書があっても揉めることがあります。**心配な方は、相続に詳しい弁護士などに相談することをオススメします。

➡P86 遺言の探し方

「相続財産」とは?

　亡くなった方から受け継ぐ財産のことを「**相続財産**」を言います。相続財産には**「プラスの財産」**と**「マイナスの財産」**などがあります。まずはこれらをくまなく探す必要があります。ただし、相続財産が何かを知っていないと探すことができません。まずはどんなものがあるかを次のページで把握しましょう。

■「プラスの財産」

現金・預貯金、土地・家屋、不動産上の権利（賃借権・地上権など）、自動車、貴金属・宝石・骨董品・絵画、家財家具、有価証券（株式・国債・社債・ゴルフ会員権など）、生命保険金（亡くなった方が受取人のもの）、知的財産権（著作権など）、電話加入権など

現金・預貯金

土地・家屋

有価証券

宝石・絵画

■「みなし相続財産」

（相続財産ではないけど、相続税がかかる）
死亡退職金、生命保険金（相続人などが受取人のもの）など

死亡退職金

生命保険金

■「相続財産とみなされないもの」（財産に含めない）

お墓・仏壇・仏具など

お墓

仏壇・位牌

■「マイナスの財産」（引き継いだら、代わりに払う）

借金やローンなど（葬儀費用も差し引ける）

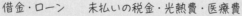

借金・ローン　　未払いの税金・光熱費・医療費　　葬儀費用

📝 注意! 相続の放棄は「3か月以内」と期限が短い

亡くなった方が借金をしている可能性があるときは、残された財産の確認と整理を、特に急ぐ必要があります。借金などマイナスの財産が多くて、相続を放棄したいときは「3か月以内」に手続きをしなければならないからです。心配な方は、特に急いで動きましょう。

➡P98 相続の放棄

誰が相続人になるのかを確認する

　亡くなった方の財産を引き継ぐ「相続人」は、法律で決められています。また、分け方の目安も示されています。まずはこれらを確認しましょう。

相続人になる順番をまず押さえよう

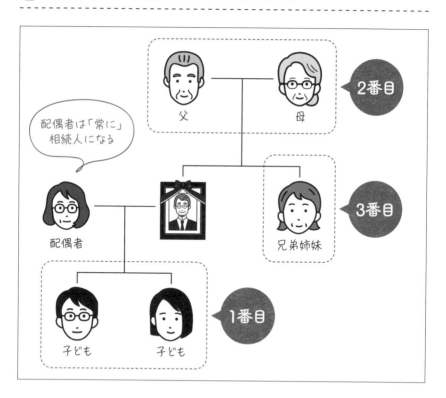

配偶者は「常に」相続人になる

父　母　2番目

配偶者

兄弟姉妹　3番目

子ども　子ども　1番目

📝 相続人が先に亡くなっているときの考え方

相続では、相続人が先に亡くなっている状況も考えられます。そのときは、以下のように考えます。

■1番目の子どもが亡くなっているとき

子どもが亡くなっていたら、**孫**が相続します（「代襲相続」と言います）。
孫も亡くなっていたら、**ひ孫**が相続します（「再代襲相続」と言います）。
※相続順位の1番目の人が誰もいないときは、2番目の人が相続します。

■2番目の父・母が亡くなっているとき

父・母がともに亡くなっていたら**祖父母**が相続します。どちらかが生きていれば、祖父母には相続されません。
※相続順位の2番目の人が誰もいないときは、3番目の人が相続します。

■3番目の兄弟姉妹が亡くなっているとき

兄弟姉妹が亡くなっていたら**甥・姪**が相続します（「代襲相続」と言います）。
甥・姪が亡くなっていたときは、その子どもは相続しません（「再代襲相続」にはなりません）。
※相続順位の3番目の人が誰もいないときは、家庭裁判所が管理人を選んで清算し、国庫（財務省）のものになります。

📝 分け方の目安（法定相続分）も知っておこう

相続財産の分け方は、73ページで書いたように、以下の2つの基本ルールがあります。

---

❶遺言があれば遺言通りに分ける
❷遺言がなければ、相続人全員の話し合いで決める

つまり、❷のときは、どう分けてもいいのです。ただ、それだと

目安がなく、話し合いにくいため、法律（民法の中のいわゆる「相続法」）で目安が定められています。専門用語では**「法定相続分」**と言います。話し合いの参考に、この分け方も知っておきましょう。

■ 法定相続分

ケース	配偶者の割合	その他の相続人	
子どもがいる^{※1}	配偶者 1/2		1/2を人数で分ける
子どもがいなくて 父・母がいる^{※2}	配偶者 2/3		1/3を人数で分ける
子ども、父母などがいなくて、 兄弟姉妹がいる^{※3}	配偶者 3/4		1/4を人数で分ける

※1 子どもが亡くなっていたら、孫。孫も亡くなっていたら、ひ孫
※2 父・母「ともに」亡くなっていたら、祖父母
※3 兄弟姉妹が「すべて」亡くなっていたら、甥・姪
※配偶者がいない場合は、上の表のその他の相続人で全額を人数で分けます

判断に迷ったときは専門家に相談しよう

この順番や分け方に単純には当てはまらない、複雑なケースもあります。相続欠格や排除、相続の放棄をしたときなどがそうです。

誰が相続人なのか判断に迷うときやわからないときは、不動産の名義変更の相談や相続税の申告の相談とあわせて**「司法書士」**や**「税理士」**に相談するといいかもしれません。

相続財産の分け方がわからないときや相続人同士で揉めそうなときは**「弁護士」**に相談しましょう。

➡P216 司法書士に頼れること
➡P211 税理士に頼れること
➡P205 弁護士に頼れること

4-2

難しさ ★★★★☆

必ずやる

死後
2週間〜

戸籍を集めて
正確な相続人を確定させる

　さまざまな相続手続きや届け出をするときに「戸籍」が必要になります。戸籍によって、相続人であることが証明されるからです。

　亡くなった配偶者に別の人との子どもがいたり、亡くなった両親・祖父母の家族関係が複雑だったりするときは、戸籍を集めるのが大変になるときがあります。そんなときは相続に詳しい行政書士などに代わりに集めてもらうという選択肢もあります。この項では、自分で戸籍を集める方法を解説します。自分でできそうかの判断の参考にしてください。

📝「戸籍」とは、相続人が誰かを証明できる書類

　日本人が生まれてから死ぬまでの親族・家族の関係（いつ・誰から・どこで生まれ、誰と家族・親族で、いつ亡くなったかなど）**について、登録して、公的に証明するためのものが「戸籍」**です。これらの情報がわかるので、誰が相続人かがわかるのです。

「本籍」と「筆頭者氏名」が書かれていて、本籍地の市町村の役所に保管されています。その役所に行くか郵送で取ることができます。
「本籍」とは、戸籍がある場所のこと。「本籍」と「住所」は同じこともありますが、別のものです。「筆頭者」は、戸籍の最初に記載してある人のことです。

📝 戸籍を取るのは死亡届を出して「2週間後」が安全

　死亡届を本籍地に出しても、死亡の情報がすぐに戸籍に反映されません。1〜2週間で戸籍に反映されるので、**2週間を待ってから**

取るのが安全です。早まると、死亡が反映されていなくて、戸籍を取り直さなくてはいけなくなるので、注意してください。

📝 戸籍の種類は6種類（3種類×2）ある

> **▨「現在戸籍」**
> 1994年に戸籍法が改正されたあとに、**今、使われている戸籍**
> 相続人が、相続が発生したときに生きている(つまり、相続の権利がある)ことを証明するために使います

> **▨「除籍」**
> 結婚や死亡などで、戸籍に誰もいなくなり、閉鎖した戸籍
> 亡くなった方が最期にいた戸籍を確認するために必要になることがあります

> **▨「改製原戸籍」**(かいせいはらこせき・かいせいげんこせき)
> 戸籍法が改正される前の、**古いフォーマットの戸籍**(最近だと1994年に改正されました)
> 戸籍が新しくなる前に除籍した人や認知した子ども、養子縁組、離婚などの情報が書かれているので、相続で必要になります

　この3種類それぞれに、「全員」を証明するものと「一部の人」を証明するものがあります。

> **▨「戸籍全部事項証明書」**(いわゆる「戸籍謄本<ruby>謄本<rt>とうほん</rt></ruby>」)
> 戸籍に記録されている「**全員**」について証明したもの

> **▨「戸籍個人事項証明書」**(いわゆる「戸籍 <ruby>抄本<rt>しょうほん</rt></ruby>」)
> 戸籍簿に記録されている「**一部の人**」について証明したもの

※「戸籍謄本」「戸籍抄本」は、1994年の法律改正の前に使われていた言い方です。こちらの方が広く知られているため、本書ではこちらを多く使っています。

どちらが必要か迷ったときは「戸籍謄本」を取ってください。大は小を兼ねます。原本の提出が求められ、コピーが戻ってこないこともあるので、**何セットか取っておく**と確実です。戸籍謄本や戸籍抄本が必要なときは、**本籍地の市町村の役所**で取ります。郵送の手続きもできます。

🗂 戸籍全部事項証明書（戸籍謄本）の見本

本籍地および戸籍の筆頭者が記載されています

コンピュータ化された日です。平成16年10月30日以前とつなげるためには、この戸籍の「改正原戸籍」も取得する必要があります

筆頭者の太郎に続き、花子も亡くなったことで、戸籍にいる全員が「除籍」となったため、この戸籍謄本は「除籍謄本」となります

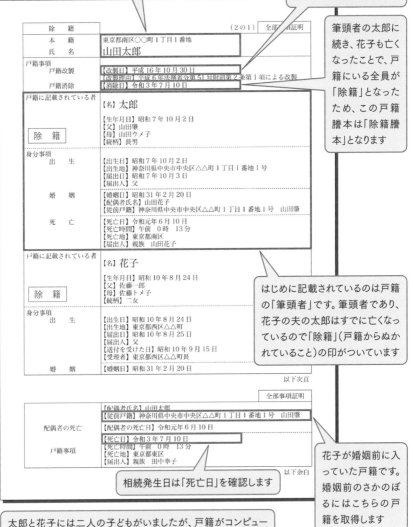

		(2の1) 全部事項証明
除　籍		
本　籍	東京都南区〇〇町1丁目1番地	
氏　名	山田太郎	

戸籍事項
戸籍改製　【改製日】平成16年10月30日
　　　　　【改製事由】平成6年法務省令第51号附則第2条第1項による改製
戸籍消除　【消除日】令和3年7月10日

戸籍に記載されている者
　　　　　【名】太郎
除　籍
　　　　　【生年月日】昭和7年10月2日
　　　　　【父】山田肇
　　　　　【母】山田ウメ子
　　　　　【続柄】長男

身分事項
出　生　【出生日】昭和7年10月2日
　　　　【出生地】神奈川県中央市中央区△△町1丁目1番地1号
　　　　【届出日】昭和7年10月3日
　　　　【届出人】父

婚　姻　【婚姻日】昭和31年2月20日
　　　　【配偶者氏名】山田花子
　　　　【従前戸籍】神奈川県中央市中央区△△町1丁目1番地1号　山田肇

死　亡　【死亡日】令和元年6月10日
　　　　【死亡時間】午前　0時　13分
　　　　【死亡地】東京都南区
　　　　【届出人】親族　山田花子

戸籍に記載されている者
　　　　　【名】花子
除　籍
　　　　　【生年月日】昭和10年8月24日
　　　　　【父】佐藤一郎
　　　　　【母】佐藤トメ子
　　　　　【続柄】二女

はじめに記載されているのは戸籍の「筆頭者」です。筆頭者であり、花子の夫の太郎はすでに亡くなっているので「除籍」（戸籍からぬかれていること）の印がついています

身分事項
出　生　【出生日】昭和10年8月24日
　　　　【出生地】東京都西区△△町
　　　　【届出日】昭和10年8月25日
　　　　【届出人】父
　　　　【送付を受けた日】昭和10年9月15日
　　　　【受理者】東京都西区△△町長

婚　姻　【婚姻日】昭和31年2月20日

　　　　　　　　　　　　　　　　　　　　　　　以下次頁

		全部事項証明

配偶者氏名】山田太郎
【従前戸籍】神奈川県中央市中央区△△町1丁目1番地1号　山田肇

配偶者の死亡　【配偶者の死亡日】令和元年6月10日

戸籍事項　【死亡日】令和3年7月10日
　　　　　【死亡時間】午前　0時　13分
　　　　　【死亡地】東京都南区
　　　　　【届出人】親族　田中幸子

　　　　　　　　　　　　　　　　　　　　　　　以下余白

相続発生日は「死亡日」を確認します

花子が婚姻前に入っていた戸籍です。婚姻前のさかのぼるにはこちらの戸籍を取得します

太郎と花子には二人の子どもがいましたが、戸籍がコンピュータ化される前の戸籍（改製原戸籍）のときに結婚して新しい戸籍を作って抜けたため、この戸籍には情報が記載されていません

相続に必要な戸籍は大きく2つ

> **■亡くなった方の、生まれてから亡くなるまでの「すべて」の戸籍**
> 主に、誰が相続人かを確認するために必要です。戸籍は連続している必要があります。（集め方は、このあと解説します）
>
> **■相続人の現在戸籍**
> 主に、相続人が相続の発生のときに生きている(つまり、相続の権利がある)ことを確認するために必要です

亡くなった方の「すべて」の戸籍がないと相続人がわからない

　亡くなった方の現在戸籍（もしくは除籍）だけでは、相続に必要なすべての情報はわかりません。転籍や婚姻、法律の改正などで、戸籍が新しく作られるためです。そのとき、その前に除籍した人や認知した子ども、養子縁組、離婚などの情報が載らないのです。それでは、正しい相続人を確認できません。

　そこで、**亡くなった方が、生まれてから亡くなるまでに作られた戸籍の「すべて」を集める必要がある**のです。

亡くなった方の「すべて」の戸籍の集め方

　まずは、**亡くなった方の最新の戸籍を、本籍地の市区町村の役所で取ります。** 必要な書類は、誰が取りにいくかで変わるので事前に電話などで確認すると安全です。

　役所に行ったら「相続の手続きのために、生まれてから亡くなるまでのすべての戸籍が必要です。この役所で取れるすべての戸籍をください」と伝えてください。亡くなった方が、本籍地を別の市区町村に変えていなければ、その役所ですべての戸籍が揃えられます。

亡くなった方が、結婚などで本籍地を移しているときは、その役所で取れた最も古い戸籍を見てください。戸籍には、本籍地が移る前の本籍地が書かれています。だから、その本籍地がある役所で同じように伝えれば、その役所で取れるすべての戸籍を揃えることができます。これを繰り返していけば、生まれたときの戸籍までたどりつくことができます。

　これらの手続きは、すべて郵送でもできます。該当する役所のウェブサイトから、申請書をダウンロードしてください。

改製原戸籍の見本と、見るポイント

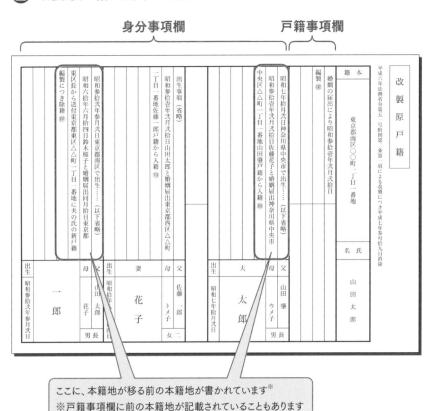

ここに、本籍地が移る前の本籍地が書かれています※
※戸籍事項欄に前の本籍地が記載されていることもあります

📝 遺言書があると戸籍を集めるのがラクになる

亡くなった方が法的に正しい遺言書を残しているときは、相続人「全員」の現戸籍をそろえなくてもよくなることがあります。**遺言書に書かれた「財産を受け取る人だけ」の現在戸籍で手続きが進められる**からです。戸籍を集めるのがラクになるので、遺言書があるときは知っておきましょう。

ただ、自筆証書遺言を検認するときは、相続人「全員」の現在戸籍が必要になります。

➡P86 遺言の探し方

📝 想定していない相続人が出てきたら「弁護士」に相談しよう

戸籍を確認していく中で、**想定していなかった相続人**が見つかるかもしれません。遺言がないときは、**その方を外して手続きを進めることは基本的にできません。** 手紙を送ったり、電話をしたり会ったりして、状況を説明する必要があります。

お金が絡むとトラブルになりやすいです。そんなときは、**相続に詳しい「弁護士」に早めに相談**することをオススメします。

➡P205 弁護士に頼れること

📝 自分では大変だと感じたら「行政書士」に相談しよう

自分で戸籍を集める際、本籍が何度も移っていてさかのぼるのが大変なときや、相続人が多かったり疎遠だったりして大変になるときがあります。そのときは**相続に詳しい「行政書士」に代わりに集めてもらう**という選択肢もあります。自分だけでは進まないと感じたら、早めに相談しましょう。

➡P220 行政書士に頼れること

遺言書がないか、くまなく探す

相続の手続きのカギになる、「遺言_{いごん}」について解説します。

📝 「遺言」とは?

「遺言」は、**一般的には「ゆいごん」**と読みます。**生きているときに、亡くなったあとのことを言い残す**という意味です。**法律の用語では「いごん」**と読みます。**法律（民法の中のいわゆる「相続法」）的に有効になるように、亡くなったあとのことについて考えを示すこと**です。法律に則って正しく書かれたものは、法律上の効果があります。「遺言_{いごん}」があるときは、基本的に、その通りに分けます。

📝 代表的な「遺言」の3つの形

自筆証書遺言	**本人が直筆で書いた遺言書** 法務局で保管されたもの以外は、「検認」が必要です。封がされていたら、勝手に開けてはいけません
公正証書遺言	**公証役場で、公証人が書いた遺言書** 公証役場というところに原本が保管されているので、自宅などで見つからなければ公証役場で受け取ることができます。検認の必要がありません
 秘密証書遺言	**亡くなった本人以外に、内容が秘密にされた遺言書** 遺言書が存在していることだけが公証役場に届けられています。保管は亡くなった本人がしています。これが見つかったときは検認が必要です

遺言書のありそうな3つの場所

❶自宅や貸金庫など

◎「自筆証書遺言」と「秘密証書遺言」はどこにあるかわかりません。「どこかにあるかも」という前提で、念入りに探しましょう。

◎一般的には、**仏壇の中、金庫や貸金庫の中、通帳などを保管している引き出しの中、ベッドの下、生命保険の証券ケースの中**などにあることが多いです。

◎「自筆証書遺言」と「秘密証書遺言」は、基本的には**検認が必要**です。

❷公証役場で検索

◎公正証書遺言として遺言が残されているときは**「公証役場」に原本が保管**されています。遺言の検索システムがあります。公証役場は法務省の管轄で、全国に約300か所あります。近くの公証役場に行って、遺言があるかを確認しましょう。

◎必要書類として、相続人であることが確認できる戸籍謄本（戸籍全部事項証明書）や本人確認書類などがいります。行く前に、手続きできる人や持ち物を電話で確認すると確実です。ただし、遺言書が見つかったときは、近くの公証役場ではなく、遺言書が実際に残されている役場に請求が必要です（郵送での手続きもできます）。公証役場で保管されていたときは**検認は不要**です。

❸法務局で確認

◎自筆証書遺言として遺言が残されているときは**「法務局」に保管**されている可能性があります。2020年から、法務局での保管制度がスタートしました。自筆証書遺言が、必ず法務局に保管されているわけではありませんが、念のため確認しましょう。

◎自分が受け取る人になっているかを、誰でも確認できます。ただし、請求する人によって必要な書類が変わります。行く前に、手続きできる人や持ち物を電話で確認しましょう。

◎この制度で保管されていたときは、**検認は不要**です。

➡P89 遺言書の検認

📝 遺言が見つかったら他の相続人にもすぐ連絡を

遺言書が見つかったとき、それを他の相続人に伝えないと、偽造や改ざんを疑われるリスクがあります。他の相続人にもすぐに連絡するようにしましょう。

📝 注意! 遺言書が見つかっても開けてはいけない

前述のように、公証役場と法務局で見つかった遺言書以外は、検認が必要です。見つけても勝手に開けてはいけません。

→P89 遺言書の検認

📝 遺言書が見つかったら専門家に相談しよう

遺言書が見つかったら、**相続に詳しい「行政書士」「司法書士」「弁護士」**などの専門家に相談することをオススメします。

基本的には遺言書の通りに分けるのがルールです。ただし、遺言書があっても、相続人「全員」の話し合いで合意が取れれば、分け方を変えることもできます。

財産の分け方まで相談に乗れるのは弁護士だけです。特に、遺言とは違う分け方をしたいときは、残された人たちの仲がよくても揉めやすいので、**弁護士**に相談しましょう。

→P205 弁護士に頼れること

4-4

難しさ ★★★★☆

該当する
方のみ

なるべく
早く

遺言書が見つかったら
「検認」が必要か確認する

　この項では、遺言書が見つかったときに多くの場合に必要になる「検認」について解説します。

「検認(けんにん)」とは?

　遺言書が見つかったときに、その内容を明確にして、遺言書の偽造や内容を変えてしまうなどの不正を防ぐために行う手続きです。家庭裁判所で行われる「開封式」だととらえると想像しやすいかもしれません。**くれぐれも勝手に開けないようにしましょう。**

　封がされている遺言書を検認の日に開けます。先に開けてしまうと、5万円以下の過料になります。万が一開けてしまったときは、家庭裁判所に相談してください。

　遺言書は封がされていることが前提ですが、封がされていなくても検認は必要です。封がない、または封筒に入っていない遺言書が見つかったときは、見つかった状態のまま保管します。

「自筆証書遺言」と「秘密証書遺言」は検認が必要

　公正証書遺言は、検認が要りません。

　「自筆証書遺言」と「秘密証書遺言」は、基本的には検認が必要です。ただし例外として、自筆証書遺言が法務局に保管されていたときは、検認が要りません。

 ## 検認は絶対に必要

　自筆証書遺言によって、銀行口座や不動産の名義変更をするとき
に、検認を受けたことを証明する書類の提出が求められます。だか
ら、検認は必ずしなければいけません。

検認の手続きは?

　遺言書を保管していた人か発見した人が、家庭裁判所に提出して
手続きを行います。提出先は、亡くなった方が最後に住んでいた地

「遺言書の検認の申立書」の書き方のサンプル

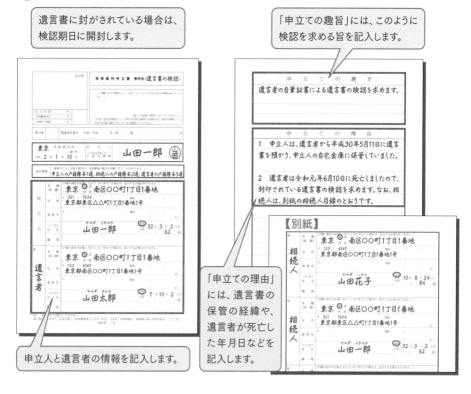

遺言書に封がされている場合は、
検認期日に開封します。

「申立ての趣旨」には、このように
検認を求める旨を記入します。

申立人と遺言者の情報を記入します。

「申立ての理由」
には、遺言書の
保管の経緯や、
遺言者が死亡し
た年月日などを
記入します。

区を管轄する**家庭裁判所**です。

申立書を家庭裁判所の窓口かウェブサイトから手に入れ、記入します。そして、相続を証明する戸籍一式と一緒に提出します。そうすると、家庭裁判所から検認の日程の通知が来ます。その日に、相続人が家庭裁判所で立ち会い、開封し検認します（相続人の全員が立ち会うのが原則ですが、必須ではありません。各自の判断となります）。

検認が終わったら、家庭裁判所に「検認済証明書」を申請してください。

📝 検認しても無効になることがある

検認は、遺言書が存在することを証明し、検認後の偽造などを防ぐための手続きです。**内容や形式が法律的に正しいかをチェックするものではありません。**だから検認をしても、内容が法律的に無効になることがあります。そこは理解しておいてください。

📝 検認でわからないときは専門家に相談しよう

検認の手続きの専門は**「弁護士」「司法書士」**になります。手続きの相談は、一般的には弁護士より**司法書士の方が得意**です。相続に力を入れているところでは、最初の相談を無料で乗ってくれるところも多いです。**家庭裁判所**の担当部署でも、問い合わせれば無料で手続き方法の相談に乗ってくれます。

わからないところがあるときは、自分で判断せずに、専門家に早めに頼りましょう。

➡P205 弁護士に頼れること

➡P216 司法書士に頼れること

難しさ ★★☆☆☆

必ずやる

3か月
以内

相続財産をくまなく探す

　相続の手続きをするには、どんな相続財産がどれだけあるかを理解することが大切です。この項では、その探し方を解説します。

相続財産の種類を思い出そう

　相続財産を探すためには、相続財産を知る必要があります。たくさんあるので、種類を73〜74ページで確認しましょう。

➡P73「相続財産」とは？

　また、マイナスの財産が多くて、相続を放棄したいときは**3か月以内**と期限が短いので注意が必要です。だから、**財産を探すのは遅くとも3か月以内にする**必要があります。

➡P98 相続の放棄

亡くなった方の「自宅」を探す

　まず、亡くなった方の自宅を中心に探します。車や家財・現金などのように、目で見てわかるものは見つけやすいです。銀行預金や生命保険・不動産など、自宅にない財産は書類で確認します。

　大事なものを保管しそうな場所をくまなく探し、相続財産の資料になりそうなものを見つけます。**自宅の金庫・机の引き出し・棚・仏壇などを探す**のが一般的です。**貸金庫**には、大切な書類が残っている可能性が高いです。使用請求書や通帳に使用料など、契約をしている形跡がないか探しましょう。

📝 注意! 「貸金庫」は勝手に開けられない

貸金庫があることがわかったとき、誰か一人が勝手に開けることはできません。**相続人「全員」の同意がいります。**そのためには「亡くなった方の、生まれてから亡くなるまでのすべての戸籍一式」「相続人の現在戸籍」が必要です。

また、それ以外にも「相続人全員の印鑑証明書」「貸金庫のカギまたはカード」「銀行所定の同意書」などが必要になります。銀行によって取り扱いが変わるので、必要書類を必ず確認してください。

➡P79 戸籍の取り方

📝 「通帳」「郵便物」から探す

銀行などの通帳があれば、預貯金があるかは当然、確認できます。それ以外にも、**通帳の引き落としや入金・振込などの履歴から、財産がわかることも多い**です。

また、金融機関などと取引や契約があったときは、**郵便物が残されている**可能性があります。その他、亡くなったあとに、郵便物が届くこともあります。郵便物にもアンテナを張っておきましょう。

📝 「法務局」に不動産を照会する

亡くなった方の**「固定資産税納税通知書」「不動産の権利証」「売買契約書」**などがあれば、**不動産の財産がある可能性が高い**です。それらの書類から不動産の所在地を調べましょう。法務局で、登記事項の証明書を取り、不動産の権利関係を確認します。

市区町村の役所（東京23区は都税事務所）の「名寄帳」で、同じ市区町村にある、亡くなった方の不動産を確認することもできます。不動産の詳細がわからないときは、念のため確認してください。

📝「金融機関」に問い合わせる

- -

　亡くなった方が、どの金融機関で取引していたかがわからないときがあります。**思い当たる金融機関に直接、問い合わせ**てみましょう。

　また、**証券会社**を知りたいときは「証券保管振替機構（通称「ほふり」）」に開示の請求をすると、証券会社の名前までは照会できます。**生命保険**については、一般社団法人「生命保険協会」が有料にはなりますが、調

査もしてくれるサービスがあります。これを「生命保険契約照会制度」と言います。契約があるときは、どの会社で契約しているか教えてくれます。

📝「パソコン」や「スマホ」などのデータを確認する

- -

　最近は、ネット銀行やネット証券での取引も増えています。その場合は書類がないことも多いです。その場合、亡くなった方の口座の契約内容や残高証明書などが、パソコンやスマホのデータやメールなどに残っているときがあります。データやメールは消さないよう注意してください。亡くなった方から、生前にIDやパスワードなどを聞いていれば確認できます。

　しかし、**IDやパスワードなどを聞いていないときは、慎重に対応する必要があります。**法律的に取り扱いが難しいところもあるので、このときは、相続に詳しい「弁護士」に相談しましょう。

➡P205 弁護士に頼れること

📝 見つかった財産を「一覧表」にする

　財産が見つかったら、一目でわかるように一覧表を作り、書き足していきましょう。一覧を作ることは法律的に義務づけられていませんが、作っておくと「財産を隠しているのではないか」などとトラブルになることを防げますので、必ず作りましょう。

　決まった書式はありませんが、ポイントを解説します。

■ 財産の一覧表（財産目録）を書く4つのポイント

❶できるだけ詳しく書く
不動産なら地番や家屋番号、預貯金なら金融機関名や支店名・口座番号まで書き、財産を特定しやすくします。

❷マイナスの財産も書く
プラスの財産だけでなく、借金などのマイナスの財産についても書きます。

❸亡くなった時点の評価額を書く
主に遺産分割の協議をするときに、財産の総額がいくらなのかを把握するために使うので、亡くなった方の死亡時の評価額を書きます。

❹特記事項を書く
財産に特有の事情があれば、備考欄に書いておきます。

　次のページにサンプルをつけておきますので、参考にしてください。

📋 財産の一覧表（財産目録）のサンプル

財産目録には決まった書式はありません。この見本を参考にパソコンで作成しても、手書きでもOKです。

裁判所も雛形を準備してくれていますので、参考にしましょう。

ローンや借金など、マイナスの財産についても記載しておくと万全。

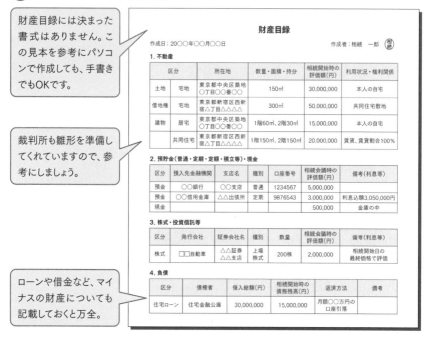

財産目録

作成日：20○○年○○月○○日　　　　作成者：相続　一郎 ㊞

1. 不動産

区分		所在地	数量・面積・持分	相続開始時の評価額（円）	利用状況・権利関係
土地	宅地	東京都中央区築地○丁目○○番○○	150㎡	30,000,000	本人の自宅
借地権	宅地	東京都新宿区西新宿△丁目△△△△	300㎡	50,000,000	共同住宅敷地
建物	居宅	東京都中央区築地○丁目○○番○○	1階60㎡、2階30㎡	15,000,000	本人の自宅
	共同住宅	東京都新宿区西新宿△丁目△△△△	1階150㎡、2階150㎡	20,000,000	賃貸、賃貸割合100%

2. 預貯金（普通・定期・定額・積立等）・現金

区分	預入先金融機関	支店名	種別	口座番号	相続会議時の評価額（円）	備考（利息等）
預金	○○銀行	○○支店	普通	1234567	5,000,000	
預金	○○信用金庫	△△出張所	定期	9876543	3,000,000	利息込額3,050,000円
現金					500,000	金庫の中

3. 株式・投資信託等

区分	発行会社	証券会社名	種別	数量	相続会議時の評価額（円）	備考（利息等）
株式	□□自動車	△△証券△△支店	上場株式	200株	2,000,000	相続開始日の最終価格で評価

4. 負債

区分	債権者	借入総額（円）	相続開始時の債務残高（円）	返済方法	備考
住宅ローン	住宅金融公庫	30,000,000	15,000,000	月額○○万円の口座引落	

■書式集の「【必須】遺産目録」「遺産目録記載例」をチェック

https://www.courts.go.jp/kyoto/saiban/katei/s_syosiki/index.html

📝 相続税を申告しそうなら「税理士」に早めに相談しよう

　財産をどう分けるかで、税金の額が大きく変わることがあります。財産を整理する中で、相続税の申告が必要かもしれないと感じたら、相続に詳しい「税理士」に早めに相談しましょう。死亡のときの評価額の計算なども相談に乗ってもらえます。

➡P211 税理士に頼れること

4-6

難しさ ★★★☆☆

必ずやる

財産をどうするかを考える

3か月以内

　財産の全体がわかってきたら、財産をどうするのかの方針を考えます。その考え方を解説します。

　特に、相続するか放棄するのかの判断は、亡くなったことを知ってから「3か月以内」に手続きする必要があります。

📝 相続するか放棄するかは「3か月以内」に手続きが必要

　プラスの財産が少なく、借金など負債（マイナスの財産）のほうが多いときは、相続の「放棄」も検討しましょう。手続きの期限は、亡くなったことを知ってから3か月以内です。相続の放棄をした人は、相続人から外れます。借金などを引き継ぐ義務はなくなりますが、財産を受け取る権利もなくなります。判断は慎重にしましょう。財産があっても相続をする意思が全くなく、一切関与したくないときも相続の放棄をします。

➡P98 相続の放棄

📝 「相続税の申告」が必要かを検討する

　財産を相続すると決めたら、次に来る期限が相続税の申告をする「10か月」です。ご自身が該当しそうか、5章で確認をしてください。

➡P123《5章》「税金」の手続き

借金が多くて相続したくないときは「3か月」以内に相続の「放棄」をする

相続は、亡くなった方の財産「すべて」を引き継ぐことです。借金など、マイナスの財産があっても一緒に引き継ぎます。相続の「放棄」もできますが、そのと

きはマイナスの財産だけでなく、プラスの財産も放棄することになります。この項では、相続放棄のやり方を解説します。

📝 期限の「3か月」は相続の権利があると知った日から

相続の放棄の期限は「3か月以内」と短いので注意してください。この「3か月」の期限のスタート日は、自分に相続があったことを知った日です。

相続の順番が先の人が相続の放棄をして、相続の権利が回ってきたときは、**権利が回ってきたと知った日**が、期限のスタート日になります。「知らないうちに相続人になっていて、借金を背負わされてしまった」などとはならないので、安心してください。

➡P76 相続人の順番

📝 相続の「放棄」とは相続人ではなくなること

相続の「放棄」とは、亡くなった方の「プラスの財産」と「マイナスの財産」の一切を「引き継がない」ことです。**放棄をすると、相続人ではなくなります。**相続人全員の同意ではなく、それぞれの

判断なので、**一人で決めることができます。**

マイナスの財産のほうが多いときに放棄することが一般的です。しかし最近では、空き家の管理の大変さなどを理由に、財産がプラスでも放棄をする人が増えています。

負債が多くても財産を引き継ぐケースもあります。親の事業を引き継ぐとき、親の借金に保証人がいて放棄をするとその保証人に迷惑をかけてしまうとき、債権者に対してきちんと返済をしたいとき、不動産などの財産を相続したいときなどです。

相続の放棄をすると、たとえば子どもがいたとしても、子どもは代襲相続できません。この項を参考に、判断は慎重にしましょう。

放棄をしても「生命保険」などは受け取れる

相続の放棄をしても、**生命保険金や死亡退職金**などは、受け取る権利があれば受け取れます。ただし、法的な相続人（法定相続人）ではなくなるので、法的な相続人に適用される「相続税の非課税枠」は使えなくなります。

注意! 財産を自分のために使うと放棄ができなくなる

大切な方が亡くなり、相続の放棄の手続きが終わるまでに**相続財産を少しでも自分のために使ってしまうと「相続をした」とみなされてしまいます。**預金の引き出しや解約をしただけで相続したとみなされるときもあります。相続の放棄ができなくなるので注意してください。

📝 相続の放棄は「3か月以内」に家庭裁判所に「申述」を

　相続を放棄するときは、その意思を家庭裁判所に伝える必要があります。それを「申述」と言います。

　申述は、亡くなった方が最後に住んでいた地域を管轄する家庭裁判所にします。**戸籍や住民票に書かれた場所と異なる場合もあるので注意**してください。期限が短いので、どこが管轄になるかを先に確認しておくと安心です。

　申述書を家庭裁判所の窓口かウェブサイトから入手し、記入します。それを窓口に提出します（郵送での手続きもできます）。必要書類は立場によって違うので、管轄の家庭裁判所に確認すると確実です。以下の家庭裁判所のウェブサイトを参考にしてください。

■裁判手続案内「相続の放棄の申述」

https://www.courts.go.jp/saiban/syurui/syurui_kazi/kazi_06_13/index.html

　申述を行うと、家庭裁判所から照会書が届きます。照会書に回答をして、家庭裁判所に返送します。事実を正確に書いてください。

　相続の放棄の要件を満たしていると、手続きが受理されて、申述受理の通知書が届きます。**再発行はされないので、確実に保管**しましょう。通知書を失くしてしまうと、相続放棄をするときに相続放棄受理証明書が必要になります。

📝 相続放棄の「申述書」の書き方のサンプル

【1ページ目】

申立書を提出する裁判所を記入

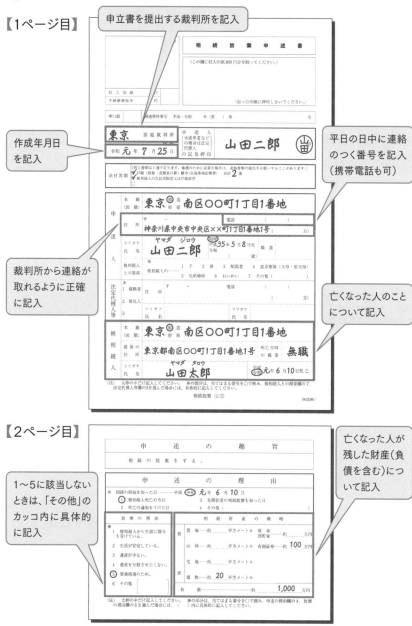

作成年月日を記入

平日の日中に連絡のつく番号を記入（携帯電話も可）

裁判所から連絡が取れるように正確に記入

亡くなった人のことについて記入

【2ページ目】

亡くなった人が残した財産（負債を含む）について記入

1～5に該当しないときは、「その他」のカッコ内に具体的に記入

📝 プラスの財産の「範囲内で」マイナス財産を引き継ぐこともできる

　亡くなった方の財産が「プラスの財産が多いのか」「マイナスの財産が多いのか」わからないとき、**プラスの財産の範囲内でマイナスの財産を引き継ぐ**方法もあります。これを**「限定承認」**と言います。ただ、限定承認をするためには、相続人「全員」で、相続人となったことを知った日から３か月以内に家庭裁判所への申述が必要となります。

　限定承認は、相続の放棄より手続きが複雑になります。検討したいときは、専門家に相談しましょう（この項の最後を参照ください）。

📝「延長」の申請

　マイナスの財産がプラスの財産より多いかの判断に時間がかかってしまうことがあります。**期限の「３か月」以内に決められそうにないときは、家庭裁判所に期限の延長をしてもらう**ことができます。それを**「熟慮期間の伸長」の申立て**と言います。

　申立書を家庭裁判所の窓口かウェブサイトから入手し、記入します。それを窓口に提出します（郵送での手続きもできます）。

　以下の家庭裁判所のウェブサイトを参考にしてください。

■裁判手続案内「相続の承認又は放棄の期間の伸長の申立書」
https://www.courts.go.jp/saiban/syosiki/syosiki_kazisinpan/
syosiki_01_52/index.html

借金を引き継ぐときプラスの財産とは「別のルール」になる

マイナスの財産を引き継ぐときは、プラスの財産とはルールが違うため、注意が必要です。

プラスの財産だけのときは、相続人の全員の同意があれば、好きなように分けることができました。しかしマイナスの財産は原則として、**それぞれの相続人が法定相続分に応じた割合で負担**します（相続人の全員と「債権者」の同意があったときのみ、借金を相続する人を遺産分割協議で決められます）。マイナスの財産を引き継ぐときは、債権者に早めに相談しましょう。

➡P73 2つの基本ルール
➡P78 法定相続分

何もしなければプラスもマイナスも「自動的」に引き継がれる

プラスの財産とマイナスの財産の両方を相続することを**「単純承認」**と言います。**何の手続きもせず3か月がすぎると、単純承認を選んだことに自動的になります。**

判断に迷ったときの相談先は6つある

相続の放棄や限定承認、マイナスの財産を引き継ぐときなどは、手続きも複雑で、関わる人も多くなります。**一人で判断せずに、専門家に早めに頼ることをオススメします。**ただし、相続に詳しくない専門家もいます。相続に詳しい人に頼りましょう。

市役所・ 区役所の 無料相談窓口	弁護士や司法書士を準備してくれていて、無料で30分程度、相談に乗ってくれることが多いです。自分のエリアに相談窓口があるか確認してみましょう。
家庭裁判所の 窓口	申請や手続きのやり方を教えてもらえます。自分で手続きをするときは、窓口で確認しながら、正確に進めましょう。
法テラス （日本司法 支援センター）	国が設立した機関。加入している弁護士や司法書士の無料相談が受けられます。 ただ、相談するには、収入や資産が一定以下などの条件を満たす必要があります。手続きの開始まで時間がかかるので、相続の放棄をするかを決めるのに、時間の余裕があるときに検討しましょう。
弁護士 	相続に強い弁護士なら、相続全般の相談に乗ってもらえます。手続きの代理や、交渉の代理人になってもらうこともできます。相続の放棄などをするか迷っている、揉めている、揉めそう、などのときは弁護士を頼りましょう。 ➡P205 弁護士に頼れること
司法書士 	手続きに詳しいのが司法書士です。相続放棄の申述書の作成を代行して、家庭裁判所に提出してくれます。 また、財産に不動産があるときも、登記や名義変更の相談もできます。 ➡P216 司法書士に頼れること
税理士 	相続税がかかりそうで、税金のアドバイスがほしいときは税理士を頼りましょう。 財産をどう分けるかによって、税金が大きく変わることがあります。 ➡P211 税理士に頼れること

4-8

難しさ ★★★★★

該当する方のみ

1年以内

遺言で財産の取り分が少なすぎるときは「遺留分の侵害額の請求」を検討する

この項では、遺言による分け方が遺留分に満たないときに遺留分を払うように請求できる、「遺留分の侵害額の請求」について解説します。

🖊 遺留分とは?

法的に効力がある遺言があるときは、亡くなった方の意思に沿って、分けるのが基本的な相続の考えです。ただし、遺言の内容に関係なく、**相続できる最低限の権利**が認められています。これを「**遺留分**」と言います。

🖊 遺留分の割合は?

一部の例外はありますが、**基本的には、法定相続分の「半分」**です。

➡P78 法定相続分

■ 遺留分の割合

ケース	配偶者の割合	その他の相続人	
配偶者のみ	1/2	—	
子どもがいる	1/4		1/4を人数で等分
子どもがいなくて父・母がいる	1/3		1/6を人数で等分
子ども、父母などがいなくて、兄弟姉妹がいる	1/2		なし
配偶者がいなくて、子どものみ	—		1/2を人数で等分
配偶者・子どもがいなくて、父・母のみ	—		1/3を人数で等分
配偶者・子ども・父母などがいなくて、兄弟姉妹のみ	—		なし

📝 「遺留分侵害額の請求」とは?

　遺言の分け方が遺留分に満たないときは、たくさんの財産を受け取っている人に対して、遺留分を払うように請求できます。これを**「遺留分の侵害額の請求」**と言います。相続があったことと、遺留分を侵害されたことを知ってから「1年以内」という期限があるので気をつけましょう。

📝 「遺留分の侵害額の請求書」の書き方のサンプル

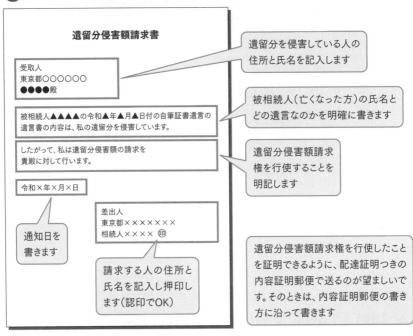

遺留分侵害額請求書

受取人
東京都○○○○○○
●●●●殿

> 遺留分を侵害している人の住所と氏名を記入します

被相続人▲▲▲▲の令和▲年▲月▲日付の自筆証書遺言の遺言書の内容は、私の遺留分を侵害しています。

> 被相続人（亡くなった方）の氏名とどの遺言なのかを明確に書きます

したがって、私は遺留分侵害額の請求を
貴殿に対して行います。

> 遺留分侵害額請求権を行使することを明記します

令和×年×月×日

> 通知日を書きます

差出人
東京都×××××××
相続人×××× ㊞

> 請求する人の住所と氏名を記入し押印します（認印でOK）

> 遺留分侵害額請求権を行使したことを証明できるように、配達証明つきの内容証明郵便で送るのが望ましいです。そのときは、内容証明郵便の書き方に沿って書きます

📝 遺留分の「放棄」とは？

遺留分は権利なので、使わずに放棄する（請求しない）こともできます。**放棄したいときは、特に手続きは必要ありません。**期限をすぎると権利の行使が認められず、放棄したのと同じ扱いになるからです。相続の開始前に遺留分を放棄したいときは、家庭裁判所での手続きがいります。

📝 請求するときは相続に詳しい「弁護士」に相談しよう

遺留分の請求は、トラブルになりやすいです。**検討するときは弁護士に相談すると安全**です。　　➡P205 弁護士に頼れること

難しさ ★★★☆☆

必ずやる

10か月以内

財産の分け方を決める

　法律的に有効な遺言書が残っていて、そこに相続財産の分け方が書かれていたときは、基本的にはその通りに分けます。亡くなった方の意思を尊重するべきという相続法の考えがあるからです。

　ただ、遺言書があっても、相続人全員の話し合いで合意が取れれば、分け方を変えることもできます。遺言とは違う分け方をしたいときは、残された相続人の仲がよくても揉めやすいので、弁護士に相談することをオススメします。

　この項では、**遺言書が「ない」ときの分け方**を解説します（遺言書があって、違う分け方をしたいときもこれと同じやり方になります）。

📝 相続人「全員」で分け方を決める「遺産分割協議」

　遺言書がないときには、基本的には**相続人「全員」で話し合い、相続財産の分け方を決めます。**この話し合いを、一般的に**「遺産分割協議」**と言います。

　遺産分割の協議は、プラスの財産とマイナスの財産が整理されて、財産全体が把握できてからしましょう。協議をしたあとに新しい財産が見つかると、話し合いをやり直さなくてはいけなくなります。

📝「遺産分割協議」の基本は全員参加

遺産分割の協議は、相続人「全員」で行う必要があります（ただし、相続の放棄をした人は、協議に参加しません）。

相続人が必ずしも一堂に集まる必要はありませんが、相続人に連絡をしたり、意思を確認したりすることが必要です。これは、行方不明になっている人や未成年、認知症になった人などでもです。これらの人は、不在者財産管理人、親権者や特別代理人、成年後見人などが本人の代わりに協議に参加します。

相続人の一人でも協議に参加しない人がいるときは、協議が無効になってしまいます。**協議ができないときは、家庭裁判所に間に入ってもらうことになります。**これを**「遺産分割調停」**と言います。遺産分割調停はとても揉めやすいです。調停を検討するときは、弁護士に相談することをオススメします。

➡️P205 弁護士に頼れること
➡️P112 遺産分割調停

📝 残された配偶者には「自宅に無料で住める」権利がある

他の相続人が自宅を相続したとしても、亡くなった方の配偶者が自宅に「無償」でずっと（または一定期間）住める権利が、2020年に新設されました。これを**「配偶者居住権」**と言います。ただ、この制度は新しく、注意しなければならないこともたくさんあります。そこで、この権利を使いたいときは、相続に詳しい弁護士や税理士などに相談しましょう。

➡️P205 弁護士に頼れること
➡️P211 税理士に頼れること

📝 「寄与分」と「特別受益」を考える

　財産を分けるときの相続法の考え方で、**相続人の間で、機械的に公平に分けるのではなく、事情を考慮して、バランスを取る**という考えがあります。**「寄与分」**と**「特別受益」**です。

　「寄与分」は、**亡くなった方の財産を守ったり増やしたりするのに、特別な貢献をした人には、それを考慮する**という制度です。たとえば、亡くなった方の家業をサポートして財産を増やした人、寝たきり状態なのを自宅で付きっきりで介護して財産が減るのを防いだ人などです。ただ、寄与分が認められるためには、扶養義務を超える「特別の寄与」が必要です。そのため、相続人同士で解釈がわかれ、揉めやすいところです。

　「特別受益」は、**相続人が生前に贈与などを受けたとき、その分は分けるときに持ち戻す**という考えです。これらも考慮して、遺産分割の協議を進めましょう。

➡P205 弁護士に頼れること

📝 「遺産分割の協議書」を書く

　財産の分け方をまとめた書面を「遺産分割協議書」と言います。相続の手続きをするときに必要になるので、必ず作成しましょう。大事な書面ですが、**書き方に法的な決まりはありません。縦書きでも横書きでも、手書きでもパソコンなどの入力でもいい**のです。ポイントだけしっかり押さえましょう。

　ポイントは**「誰が」「どの財産を」「どのように引き継ぐのか」を明確に示す**ことです。そして、相続人全員が**実印**を押して、**印鑑証明書**を添付します。**相続人の名前は自署が望ましい**ですが、印字でも無効にはなりません。書面が2枚以上になるときは、用紙と用紙の間に契印を押します。

📝 「遺産分割協議書」の書き方のサンプル

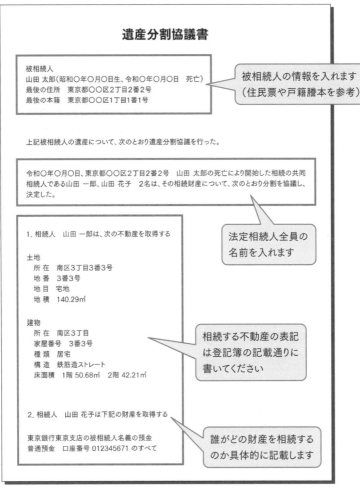

遺産分割協議書

被相続人
山田 太郎（昭和〇年〇月〇日生、令和〇年〇月〇日　死亡）
最後の住所　東京都〇〇区2丁目2番2号
最後の本籍　東京都〇〇区1丁目1番1号

> 被相続人の情報を入れます
> （住民票や戸籍謄本を参考）

上記被相続人の遺産について、次のとおり遺産分割協議を行った。

令和〇年〇月〇日、東京都〇〇区2丁目2番2号　山田 太郎の死亡により開始した相続の共同相続人である山田 一郎、山田 花子　2名は、その相続財産について、次のとおり分割を協議し、決定した。

> 法定相続人全員の名前を入れます

1. 相続人　山田 一郎は、次の不動産を取得する

土地
　　所 在　南区3丁目3番3号
　　地 番　3番3号
　　地 目　宅地
　　地 積　140.29㎡

建物
　　所 在　南区3丁目
　　家屋番号　3番3号
　　種 類　居宅
　　構 造　鉄筋造ストレート
　　床面積　1階 50.68㎡　2階 42.21㎡

> 相続する不動産の表記は登記簿の記載通りに書いてください

2. 相続人　山田 花子は下記の財産を取得する

東京銀行東京支店の被相続人名義の預金
普通預金　口座番号 012345671 のすべて

> 誰がどの財産を相続するのか具体的に記載します

📝 不動産があるときは「司法書士」に相談しよう

　相続する財産に不動産が含まれているときは、問題なく登記の手続きができる書き方になっているかを、**司法書士に確認してもらう**ことをオススメします。

➡P216 司法書士に頼れること

📝 相続税を申告するなら「税理士」に相談しよう

財産の分け方で、相続税の額が大きく変わることがあります。相続税の申告が必要なほどの財産のときは、**税理士に相談**することをオススメします。初回は無料で相談してもらえるところが多いです。相続税の申告が必要かは、5章で確認してください。

➡P211 税理士に頼れること
➡P123《5章》「税金」の手続き

📝 協議が終わったあとに新しい財産が見つかったら

あとから新しく財産が見つかると、相続人の間でトラブルが起きやすいです。そのため、**あとから見つかったときの取り決めを遺産分割の協議書に書いておく**のが一般的です。やり方は2つあります。

1つは**「新たな遺産が見つかったときは、相続人の〇〇が相続する」**と、特定の相続人が相続すると書いておく方法。2つ目は**「新たな遺産が見つかったときは、協議によって相続する人を決める」**と書いておく方法です。

📝 「遺産分割調停」になったら弁護士の検討を

遺産分割の協議は相続人が全員で行う必要があります。**一人でも合意しないと協議がまとまりません。**そのときは、管轄の**家庭裁判所に調整に入ってもらいます。これを「遺産分割調停」**と言います。

調停は揉めやすく、長引くことも多いです。そんなときは事前に、**相続に詳しい弁護士に相談する**とよいでしょう。調停になったとき、相談できたり代理人になったりしてもらえるので安心できます。

➡P205 弁護士に頼れること

相続人に認知症や障がいを持った方がいるときは？

　相続する人の中に、**認知症の方や障がいを持った方がいるときは、法律上の代理人を選ぶ**ことが必要になることがあります。

　相続人が、**認知症や知的障がい・精神障がいで判断能力が不十分なときは、代理人を立てて遺産分割の協議をします。**判断能力が不十分な方を守るために、その代理人を選び、支援する制度が**「成年後見制度」**です。

　成年後見制度は「任意後見」と「法定後見」がありますが、ここで言う法律上の代理人は、法定後見人を指します。法定後見は「後見」「保佐」「補助」の3つに分かれます。

　ここではスペースの関係で詳しく解説できませんが、検討するときは早めに専門家に頼りましょう。

　この制度の相談に乗れるのは**弁護士・司法書士**です。家庭裁判所の後見申立ての手続きの相談も受けてくれます。

　相続税の申告でも、障がいを持った方の生活を保護するための優遇措置「障害者控除」があります。こちらは**相続に詳しい税理士**に相談しましょう。

難しさ ★★★☆☆

該当する
方のみ

すみやか
に

銀行など、金融機関での 相続の手続きをする

凍結されている銀行口座の預貯金を受け継ぐ方法を解説します。

凍結を解除するためには?

凍結を解除するためには、原則として、**預貯金を誰が引き継ぐのかが決まっている必要があります。**

窓口	亡くなった方の口座のある支店であることが多い ※どの支店でもOKなところ、 相続専用の窓口があるところもあります ※手続き自体は、代表者一人でできます	
提出するもの	**相続届** ※相続人すべてのサインと実印の押印が必要です	
必要な書類	**【遺言書があるとき】** ◎遺言書 　　**➡P86 遺言書** ◎遺言によって預貯金を受け継ぐ人の印鑑証明書(6か月以内)	**【遺言書がないとき】** ◎遺産分割の協議書 　**➡P110 遺産分割の協議書** ◎相続人すべての印鑑証明書(6か月以内)
	【共通で必要な書類】 ◎相続人の確認ができる戸籍謄本　　　**➡P79 戸籍の取り方** ※認証文のついた法定相続情報一覧図の写しで代用できます 　　　　　　　　　　　　　**➡P30 法定相続情報一覧図** ◎通帳・キャッシュカードなど(ないときは相談)	
注意点	◎遺言書の執行者がいるときは書類などが変わります ◎遺産を分ける話し合いが長引きそうなときは、凍結の解除の手続きだけをすることもできます ◎代理人が手続きをするときは、必要な書類が変わります ◎ここに書いたことは一般的な例ですが、**金融機関によって変わります。必ず事前に確認ください**	

4-11

難しさ ★★★☆☆

該当する
方のみ

すみやか
に

株式などがある場合の
相続の手続き

　亡くなった方が株式や投資信託などの資産を持っていたときは、相続人が引き継ぐ必要があります。その手続きについて解説します。

📝 移管とは相続人の口座へ資産を移すこと

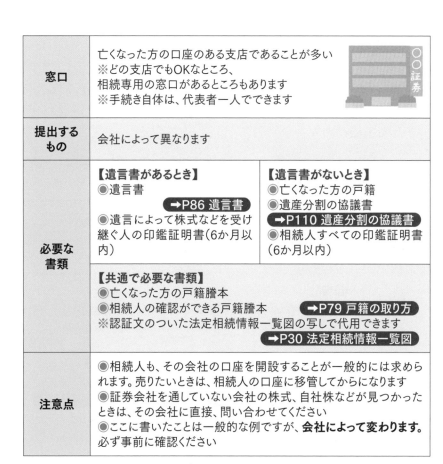

窓口	亡くなった方の口座のある支店であることが多い ※どの支店でもOKなところ、 相続専用の窓口があるところもあります ※手続き自体は、代表者一人でできます
提出する もの	会社によって異なります

必要な 書類	【遺言書があるとき】 ◎遺言書 ➡P86 遺言書 ◎遺言によって株式などを受け継ぐ人の印鑑証明書(6か月以内)	【遺言書がないとき】 ◎亡くなった方の戸籍 ◎遺産分割の協議書 ➡P110 遺産分割の協議書 ◎相続人すべての印鑑証明書(6か月以内)

【共通で必要な書類】
◎亡くなった方の戸籍謄本
◎相続人の確認ができる戸籍謄本　　➡P79 戸籍の取り方
※認証文のついた法定相続情報一覧図の写しで代用できます
➡P30 法定相続情報一覧図

注意点	◎相続人も、その会社の口座を開設することが一般的には求められます。売りたいときは、相続人の口座に移管してからになります ◎証券会社を通していない会社の株式、自社株などが見つかったときは、その会社に直接、問い合わせてください ◎ここに書いたことは一般的な例ですが、**会社によって変わります。**必ず事前に確認ください

4-12 自動車がある場合の相続の手続き

難しさ ★★★★☆

該当する方のみ

すみやかに

亡くなった方が車を持っていたときは、所有者の変更をする必要があります。管轄の陸運局で手続きをします。その手続きについて解説します。

陸運局とは?

正式な名称は**「地方運輸局」**と言い、国土交通省に属する行政の機関です。地方運輸局の中には「運輸支局」という、さらに細かく分かれた組織があります。

車の名義変更の方法

窓口	管轄の陸運局 ※軽自動車のときは、軽自動車検査協会	
提出するもの	**申請書** ※陸運局の窓口か、国土交通省のウェブサイトからダウンロードできます	
必要な書類	**【遺言書があるとき】** ●遺言書 ➡P86 遺言書	**【遺言書がないとき】** ●遺産分割の協議書 ➡P110 遺産分割の協議書 ●新しく所有者になる相続人の印鑑証明書（3か月以内）

必要な書類	【共通で必要な書類】 ◉自動車検査証（車検証） ◉車庫証明書（車庫を担当する警察署で入手） ◉新しく所有者になる相続人の実印 ◉亡くなった方の戸籍謄本 ◉相続人の確認ができる戸籍謄本　**➡P79 戸籍の取り方** ※認証文のついた法定相続情報一覧図の写しで代用できます 　　　　　　　　　　**➡P30 法定相続情報一覧図**
注意点	◉ここに書いたことは一般的な例ですが、**車の価格などによって変わります。**必ず事前に確認ください

📝 専門家に任せたいときは「行政書士」を頼ろう

　自動車の名義変更の手続きはかなり大変です。必要な書類も多く、取得するのに1週間以上かかるものもあるからです。

　さらに陸運局は平日しか営業していなくて、車庫証明を受けるための警察署の窓口も平日しか受付していません。平日に仕事をしている方には手続きをするのが難しいかもしれません。

　そんなときは、行政書士に頼みましょう。**車の名義変更は「行政書士」が得意**です。

➡P220 行政書士に頼れること

4-13

難しさ ★★★★★

該当する
方のみ

3年以内

不動産がある場合の
相続の手続き

　亡くなった方が、自宅など不動産を持っていたときは、名義変更をする必要があります。管轄の法務局で手続きをします。その手続きについて解説します。

📝 不動産の名義変更の方法

窓口	不動産がある場所の管轄の法務局	
提出する もの	**申請書** ※法務局のウェブサイトからダウンロードできます。記入例も載っているので参考にしてください	
必要な 書類	**【遺言書があるとき】** ◉遺言書 **➡P86 遺言書**	**【遺言書がないとき】** ◉遺産分割の協議書 **➡P110 遺産分割の協議書** ◉各相続人の印鑑証明書（期限なし）
	【共通で必要な書類】 ◉亡くなった方の戸籍謄本 ◉相続人の確認ができる戸籍謄本　　**➡P79 戸籍の取り方** ※認証文のついた法定相続情報一覧図の写しで代用できます 　　　　　　　　　　　　　**➡P30 法定相続情報一覧図** ◉亡くなった方の住民票の除票（本籍地あり） ◉不動産を引き継ぐ方の住民票（本籍地あり、マイナンバーなし） ◉固定資産評価の証明書（申請する年度のもの）	
注意点	◉登録免許税を納める必要があります（固定資産税の評価額×0.4％） ◉**ここに書いたことは一般的な例ですが、状況によって変わります。必ず事前に確認ください**	

📝 相続の登記が義務化され期限が3年以内に!

亡くなった方から相続人に不動産の名義変更をすることを「相続登記」と言います。登記する期限や罰則がありませんでした。しかし2024年4月1日から義務化され、**相続から3年以内に登記**しなければなりません。**違反をすると10万円**以下の過料に課されます。

さらにこのルールは、義務化のスタート前に相続があった人で、まだ相続の登記を済ませていない人も対象になります。今からやっておきましょう。

📝 専門家に任せたいときは「司法書士」を頼ろう

不動産の名義変更には、たくさんの書類を準備する必要があります。自宅などであれば、一人でやってやれないことはありませんが、4章全体の知識の理解が必要です。

義務化もスタートします。**不動産の名義変更は「司法書士」が得意としています。**一人では難しいと感じたら頼りましょう。

➡P216 司法書士に頼れること

📝 団体信用生命保険があるときの手続き

亡くなった方から引き継ぐ不動産に、まだ住宅ローンが残っているとき、ほとんどの場合、団体信用生命保険(団信)にも入っています。団信に入っていると、契約者が亡くなってしまったときに、住宅ローンを代わりに支払ってくれて、ローンがなくなります。

ローンがなくなったら、名義変更の登録と併せて、**不動産に登記されている金融機関に連絡して、抵当権を消すために必要な書類を取り寄せましょう。**そして、自分が法務局に行くか司法書士に依頼して、抵当権を消す手続きをしましょう。

4-14

難しさ ★★★☆☆

該当する方のみ

すみやかに

ゴルフ会員権など、その他の相続財産がある場合の相続の手続き

　これまで挙げてきたもの以外にも、相続の手続きが必要なものがいくつもあります。ここでは、代表的なものについて解説します。

📝 ゴルフ会員権

　ゴルフ会員権とは、会員制のゴルフ場を利用できる権利のことを言います。亡くなった方がゴルフ場の会員権を持っていたら、**その会員権も相続の対象**になります。

　ただし、一部のゴルフ場では、会員が亡くなったときに資格が亡くなると会則で定めていることもあります。このときは相続の対象になりません。

　ゴルフ場に連絡して、手続きの有無や方法を確認してください。

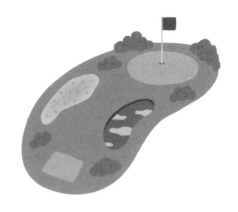

🗒️ リゾート会員権

亡くなった方がリゾートホテルの会員権を持っていたら、**その会員権も相続の対象**になります。リゾートホテルによっては、不動産の所有権を持っていることもあります。そのときは、不動産の名義変更も必要です。ホテルに連絡して、必要な手続きの確認をしてください。

🗒️ 絵画や宝石など

これらも**相続の対象**になります。遺産分割で、誰が引き継ぐのかを決めておきましょう。

🗒️ お墓や仏壇は相続財産に含まれない

お墓（墓地、墓石）や仏壇は、相続財産ではありません。

これら、祖先を祀るために必要な財産を祭祀財産と言います。祭祀財産は相続とは関係なく、祭祀を主宰する人が承継するものとされています。

➡️P73「相続財産」とは？

相続した財産は、3年10か月以内に 売ると税金が安くなる

相続した財産に限らず、不動産などを売ってもうけが出たときは、譲渡税（所得税・住民税）という税金がかかります。譲渡税は相続税とはまったく別の税金です。このとき、**相続税を納めた人が、相続から3年10か月以内に相続財産を売ったときに譲渡税を安くできる特例があります。**

この特例を**「取得費加算の特例」**と言います。**取得費（過去に買った金額）に、売った財産にかかった「相続税」を加えていい**という特例です。相続税を納税した方はぜひ覚えておいてください。

最初に「不動産など」と書きましたが、それ以外の相続財産を売ったときにも使えます。売ることを検討する方は「相続から3年10か月」という期限を意識してください。

他にも不動産の売却については、**自宅を売るときの特例**や**空き家を売るときの特例**などがあります。ただし、要件が厳しいものも多いので、**相続財産の売却を検討するときは、不動産に詳しい税理士に事前に相談**しましょう。

第 5 章

相続のあとの 「税金」の 手続き

　この章では、相続のあとの「税金」の手続きについて「いつ」「何を」したらいいのか?を解説します。

　相続の「税金」について、具体的に相談に乗れる専門家は、税理士だけです。だから、相続税の申告が必要そうなら、すぐに税理士を頼ることをオススメします。相続税の申告には「10か月」という期限があるので注意してください。

　申告の手続きは、ご自身でできなくもないですが、税理士を頼るメリットがたくさんあります。そのメリットや注意点などについても解説します。

相続税を申告するときの「流れ」と相続税の「独特な計算方法」を押さえよう

📝 相続税の申告の流れ

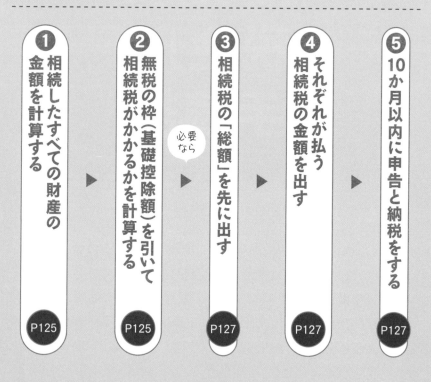

❶ 相続したすべての財産の金額を計算する　P125

❷ 無税の枠（基礎控除額）を引いて相続税がかかるかを計算する　P125

必要なら

❸ 相続税の「総額」を先に出す　P127

❹ それぞれが払う相続税の金額を出す　P127

❺ 10か月以内に申告と納税をする　P127

📝 難しく感じたら、税理士を頼ろう

　最初に、全体の「流れ」と相続税の「独特な計算方法」を解説します。

　財産や税金の具体的な計算の方法は、次の項からこの流れに沿って解説します。他の章より、少し難しい内容になります。一人ではムリだと感じたら、相続に詳しい税理士を頼ってください。

✍ ❶相続したすべての財産の金額を計算する

４章までで、亡くなった方の財産が整理できたら、次に**その財産が「いくらなのか」を計算**していきます。相続財産には「プラスの財産」「みなし相続財産」「相続財産とみなされないもの」「マイナスの財産」がありました。
→P73「相続財産」とは？

すべての金額を出して、次のように計算します。

さらに、もし**「相続税精算課税制度」**を使って先にもらっていた財産があれば、その分も相続財産に加えます。この制度は、生前に贈与をして、税金は亡くなったときに相続税で払うことができる、特別な制度です。この制度を使っていないか確認しましょう。

この制度とは別に相続で財産をもらう人については、**故人が亡くなった日からさかのぼって３年**※**以内に贈与した財産**も、相続財産に戻します。これは、亡くなる直前に贈与をして税金を逃れようという行為を防ぐためです。

※2027年1月から段階的に延ばし、2031年1月からは7年となります。ただし延長された4年間に受けた贈与は、合計100万円までは相続財産に加算されません。（2023年度の税制改正大綱）

また、相続した土地について**「小規模宅地等の特例」**が使えるときは、その分、相続税を少なく計算できます。
→P139 小規模宅地等の特例

✍ ❷無税の枠を引いて相続税がかかるかを計算する

相続税には**「相続財産が少ないときは、税金はなしとする」**とい

う考えがあります。この無税の枠のことを**「基礎控除額」**と言います。「控除」とは一定の金額を差し引くという意味です。この無税の枠（ボーダーライン）を超えたら、超えた分の財産に税率をかけて、相続税を払います。

　だから**最初にすることは「自分がこの無税の枠（ボーダーライン）を超えるのか？」を確かめること**です。図にするとこうなります。

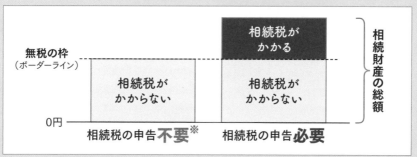

※一定の控除や特例を使うときは申告が必要

「無税の枠」はこのように計算します。

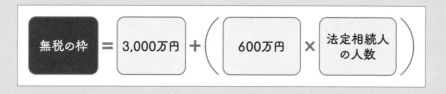

　相続した財産が無税の枠（ボーダーライン）を越えたら、超えた分の財産に相続税がかかります。財産の額によって税率が変わるので、税金の額を計算して税務署に申告し、税金を払います。この枠を超えなかったら、基本的には申告や納税は必要ありません（ただし、一定の控除や特例を使うときは申告が必要になります）。

　相続税のポイントは税務署から支払いの通知が来るわけではないので、**自分から申告して税金を払わなければいけない**ことです。

➡P142 無税の枠

126

❸相続税の「総額」を先に出す（独特な計算方法）

相続は、相続人全員で話し合って合意ができれば、どんな分け方でもできます。しかし、分け方によって全体の相続税の金額が変わると「税の公平性」が崩れてしまいます。そこで、**財産をどう分けても全体の相続税が同じになるように、先に相続税の総額を出します。**ここが、相続税の「独特な計算方法」です。

では、どう分けても相続税が同じになるようにするには、どう計算すればいいのでしょうか？　答えは**「法定相続分で財産を仮に分けたとして、相続税を計算して合計」**するのです。

→P78 法定相続分

❹それぞれが払う相続税の金額を出す

払う相続税の総額が決まったら、この総額を、各相続人などが実際に受けとる財産の金額に比例して、それぞれに割り振ります。この金額から、相続税の控除（差し引ける金額）があったり、場合によっては２割のアップがあったりします。これらを計算することで、各相続人などが実際に払う相続税が出ます。

❺10か月以内に申告と納税をする

相続税は、相続の開始を知った日の翌日から「10か月」以内に、申告と納税をする必要があります。申告は、故人が亡くなったときの住所地の所轄の税務署にします。

具体的なケースで相続税を計算してみよう

　全体的な流れと独特な計算方法の理解を深めていただくために、具体的なケースを使って、流れを復習します。

今回のケース：相続人は配偶者と子ども二人
9,800万円の財産を相続した

❶相続したすべての財産の金額を計算する

相続財産：9,800万円

❷無税の枠（基礎控除額）を引いて
　　相続税がかかるかを計算する

無税の枠：3,000万円＋600万円×3人＝4,800万円

相続財産－無税の枠＝9,800万円－4,800万円＝5,000万円

なので、相続税がかかる

❸相続税の「総額」を先に出す（独特な計算方法）

◉この5,000万円を「法定相続分で財産を仮に分けたとして、相続税を計算」

配偶者　＝1/2＝2,500万円
子ども①＝1/2×1/2＝1,250万円
子ども②＝1/2×1/2＝1,250万円

2,500万円　1,250万円　1,250万円

◉この財産に税率をかけて、それぞれの相続税を出す
　そして、それらを合計することで相続税の総額を出す

配偶者　＝（2,500万円×15％）－50万円
　　　　＝325万円
子ども①＝（1,250万円×15％）－50万円
　　　　＝137.5万円
子ども②＝（1,250万円×15％）－50万円
　　　　＝137.5万円
相続税の総額＝325万円＋137.5万円＋137.5万円＝600万円

325万円

137.5万円

137.5万円

➡P145 詳しい計算の仕方

❹それぞれが払う相続税の金額を出す

◉配偶者も子ども二人も、全員に1/3ずつ分けた場合

配偶者　＝総額600万円×1/3
　　　　＝200万円
子ども①＝総額600万円×1/3
　　　　＝200万円
子ども②＝総額600万円×1/3
　　　　＝200万円

200万円

200万円　200万円

◉子ども①にすべてを分けた場合

配偶者　＝総額600万円×0
　　　　＝0円
子ども①＝総額600万円×1
　　　　＝600万円
子ども②＝総額600万円×0
　　　　＝0円

0円

600万円

0円

　この金額から相続税の税額控除（差し引ける金額）や2割加算を計算し、それぞれが実際に払う相続税が確定！

➡P148 詳しい計算の仕方

❺10か月以内に申告と納税をする

　4章までで、亡くなった方の財産が整理できたら、次にその財産が「いくらなのか」を計算します。そのやり方を解説します。

📝 相続したすべての財産を計算しよう

　いくらになるかの計算は、**そのままの価格のものと、相続財産としては安い金額にできるものがあります。**

　また、相続財産には「プラスの財産」「みなし相続財産」「相続財産とみなされないもの」「マイナスの財産」があります。すべての金額を出して、以下のように計算します。

相続財産 ＝ プラスの財産 ＋ みなし相続財産 − 相続財産とみなされないもの − マイナスの財産

📝 主な「プラスの財産」の計算の方法

財産	基本的な計算の方法
現金	亡くなった日の残高
預貯金	亡くなった日の残高
上場の株式	基本的には、亡くなった日の終値
投資信託	亡くなった日の基準価額
ゴルフ会員権	亡くなった日の取引額の70％
金貨・地金	亡くなった日の買い取り価格
家庭用財産 （自動車、貴金属・宝石・ 骨董品・絵画、 家具家電、電話加入権など）	亡くなった日の時価 ※1つが5万円以下のものは「家財一式」などとして、一括評価もできる
土地	「路線価方式」か「倍率方式」 ➡P135 自宅の土地の評価
建物（自宅）	固定資産税評価額 ※固定資産税の「課税明細書」で確認できる

📝 難しい計算は税理士に相談しよう

ここでは主なものを挙げましたが、特に以下のときは計算が複雑なので、**税理士を頼る**ことをオススメします。

◉「上場の株式」を亡くなった日の終値以外で計算したいとき

◉「非上場の株式」「借地権」「底地」など、ここに挙げた以外の相続財産があるとき

また、多くの場合、自宅の相続があります。土地は、相続税の独特な評価をして計算するため、やや専門的な知識が必要になります。「自分では難しい」と感じたら、早めに税理士に相談しましょう。

📝 主な「みなし相続財産」の計算の方法

死亡保険金	受け取りの金額（非課税の限度額がある）
死亡退職金	受け取りの金額（非課税の限度額がある）

これらは、亡くなった方が持っていた財産ではないので、厳密には相続財産ではありません。でも、亡くなったことで受け取る財産なので、相続税の法律では、相続財産とみなします。**死亡保険金と死亡退職金は、それぞれ一定の金額まで非課税になります。**
「非課税の限度額」は下記のように計算します。

法定相続人の人数一人につき、500万円まで非課税なので、たとえば、相続人が配偶者と子ども二人のときはこうなります。

500万円×3人＝1,500万円

ただし、これは「限度額」であるため、**この金額を越えていなければ、受け取り金額までが非課税**になります。たとえば、死亡保険金が1,000万円だとしたら、限度額は1,500万円だけど、受け取った1,000万円の分が非課税になります。

他の財産から残りの分を引くことはできません。ただし、死亡保険金とは別に、死亡退職金があれば、それぞれ別に非課税の枠を使えます。

主な「相続財産とみなされないもの」

お墓・仏壇・仏具などは、相続財産に含めないで相続税を計算できます。

主な「マイナス」の財産

借金やローンなどを引き継いだときは、これらを代わりに払う義務を負いますが、相続財産からは差し引くことができます。未払いの税金・光熱費・医療費などは、代わりに払いますが、相続財産からは差し引けます。また、亡くなった方の葬儀にかかった費用について、相続財産から差し引くことができます。

「相続税精算課税制度」と「3年以内※」の贈与は財産に加える

「相続税精算課税制度」を使って、先にもらっていた財産があれば、それは相続財産に加えます。 この制度は、生前に贈与をするけど、税金は亡くなったときに相続税で払うことができる、特別な制度で

す。この制度を使った記憶はあるけど、詳細を覚えていないときは、税理士に相談しましょう。

　この制度とは別に、相続で財産をもらう人については、**故人が亡くなった日からさかのぼって「３年以内**※**」に贈与した財産も、相続財産に戻します。**これは、亡くなる直前に贈与をして税金を逃れようという行為を防ぐためです。

※2027年1月から段階的に延ばし、2031年1月からは7年となります。ただし延長された4年間に受けた贈与は、合計100万円までは相続財産に加算されません。（2023年度の税制改正大綱）

✍️ 「土地」の価格を計算しよう

- -

　土地は、法律（相続税法）で定める特別な方法で価格を計算します。これを難しく言うと「相続税評価額」と言います。次の項で詳しく解説します。

➡️P135 自宅の土地の評価

✍️ 「小規模宅地等の特例」を使えるなら、評価を減らして計算する

- -

　亡くなった方が自宅や事業に使っていた土地を相続するときは、一定の面積まで土地の評価額を20％か50％で計算していいという特例があります。**これを「小規模宅地等の特例」と言います。**この特例が使えるときは、その分、土地の価格を少なく計算できます。あとの項で解説します。

➡️P139 小規模宅地等の特例

5-1-2 自宅の土地の評価額を計算する

難しさ ★★★★★ 該当する方のみ／なるべく早く

　相続財産の中でも、現金・預金と並んでよくある財産が土地です。そして、その大部分が「自宅の土地」です。ここでは、自宅の土地を中心に、相続税での「評価額」の出し方を解説します。「評価額」というのは、相続税を計算するにあたって、財産をいくらとみなすかの金額です。

　自宅の土地の評価の仕方には「路線価方式」と「倍率方式」の2つがあります。

市街地は「路線価方式」で計算

　この方法は、**国税庁が出している道路（路線）の価格で計算**します。**主要な道路（路線）に面する土地別に価格が出ているので「路線価」**と言います。路線価は、土地の「公示時価」（国から公表された土地の時価）の80％程度になることがほとんどです（まれに価格が逆転することもあります）。**路線価は、国税庁のウェブサイトから確認できます。**

| 公示時価（国から公表された土地の時価） |
| 路線価（公示地価の80％） |

■国税庁「財産評価基準書　路線価図・評価倍率表」
https://www.rosenka.nta.go.jp/

都道府県別になっているので、土地のある都道府県をクリックします。「評価倍率表」の「一般の土地等用」をクリックして、土地のある町名をクリックします。**「宅地」のところに「路線」と書いてあれば「路線価」**、倍率が書いてあれば、次の「倍率方式」で計算します。市街地のほとんどは、路線価で計算します。

■ 路線価の見方

　たとえば、相続した自宅の土地の路線価が「300」で、土地の面積が100㎡のとき、このように計算します。

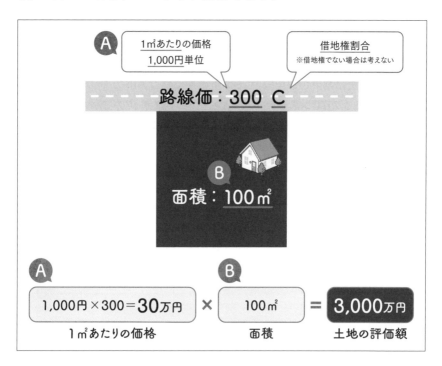

　ただし、正方形でないときは補整率をかけたり、角地は加算したりして計算します。この場合は計算が複雑なので、相続に詳しい税理士に頼ることをオススメします。

また、借地権つきの土地のときは、さらに「借地権割合」をかけて計算します。借地権や底地などのときも、税理士に相談すると安心です。

路線価がない地域は「倍率方式」で計算

　路線価のない土地を計算するときに使います。国税庁のウェブサイトの「評価倍率表」の「一般の土地等用」をクリックして、土地のある町名をクリックします。**「宅地」のところに「1.1」などと倍率が書かれています。**その倍率を「固定資産税評価額」にかけて計算します。

　固定資産税評価額は、固定資産税の「課税明細書」で確認できます。自宅の建物の評価額もこれで確認できます。

■ 倍率方式での計算

> 評価額＝固定資産税評価額×倍率

　農地（田、畑）と山林も基本的には、この「倍率方式」で計算します。ただ、宅地へ転用できる可能性を考慮して、市街地にある農地などは、「宅地比準方式」で計算します。手続きも複雑なので、税理士に頼ることをオススメします。

「分譲マンション」を相続するときは、どう計算する?

　ここまでは、戸建ての自宅を前提に説明してきました。それでは相続した自宅が、分譲マンションの1室のときは、どう計算したらいいでしょうか?　**計算の考え方や方法は、戸建ての自宅と同じです。**建物と土地に分けて計算します。

　建物は、マンションの場合も「固定資産税評価額」で計算します。土地については、まずマンション1棟が建っている土地全体の評価額を計算します。計算は、戸建ての自宅と同じです。それに、**相続するマンションの土地の持ち分割合をかけて計算**します。持ち分割合は、建物の登記事項証明書に「敷地権の割合」として書かれているので、それを確認しましょう。

5-1-3

難しさ ★★★★★

該当する
方のみ

10か月
以内

「小規模宅地等の特例」が使えるか、必ず確認する

　土地の価格を計算できたら、その土地が「小規模宅地等の特例」を使えるかを確認しましょう。

📝 小規模宅地等の特例とは?

　この特例は、**遺された方が引き継いだ自宅に続けて住んだり、事業を続けやすくしたりするための特別な措置**です。亡くなった方が自宅や事業に使っていた土地を相続するときは、一定の面積まで**20%（80%オフ）か50%で評価していい**という特例です。

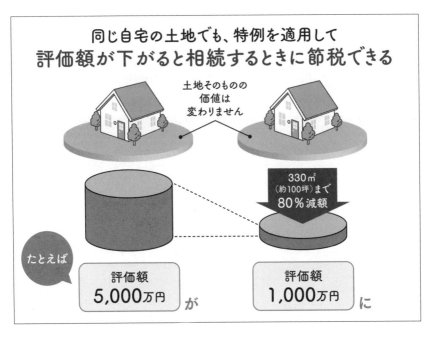

同じ自宅の土地でも、特例を適用して
評価額が下がると相続するときに節税できる

土地そのものの
価値は
変わりません

330㎡
（約100坪）まで
80%減額

たとえば

評価額
5,000万円　が

評価額
1,000万円　に

　この特例を使えるかで計算上の財産が大きく変わり、相続税の額

も**大きく変わる**ことが多いので必ず確認しましょう。わからないときは税理士にすぐ相談しましょう。

「対象になる土地」と「上限の面積」「減額の割合」の概要

土地の区分		上限の面積※	減額の割合
特定居住用 （自宅の土地など）		330㎡	80％減
特定事業用 （商売用の土地など）		400㎡	80％減
貸付事業用 （賃貸住宅や駐車場の土地など）		200㎡	50％減

※上記のうち複数の区分の土地があるときには、さらに上限の面積に一定の調整があります。

この特例が使える「親族」の要件の概要

土地の区分	引き継いだ人	要件
特定居住用	**❶配偶者**	なし
	❷同居の親族	申告の期限までその土地を持ち続けて、家に住み続けること
	❸別居の親族 （家なき子）	●亡くなった方に❶❷がいないこと ●申告の期限までその土地を持ち続けること ●引き継ぐ人が、持ち家を所有していないこと 　（ただし、細かい要件がある）
特定事業用	親族	申告の期限までその土地を持ち続けて、事業を続けること（ただし、一定の要件がある）
貸付事業用		

「親族」とは、配偶者、六親等内の血族、三親等内の配偶者の血族です。「親等」は、一親等が父母・子、二親等が祖父母・孫・兄弟姉妹、三親等が曾祖父母・曾孫・おじおば・甥姪などです。

　上記の要件を満たせば、相続人ではない親族でも特例を使うことができます。

📝 この特例は、相続税の「申告書」を出すことで初めて使える

　この特例は、要件に当てはまる人が引き継げば自動的に適用になるわけではありません。**この特例を使うことを書いた「明細書」と「相続税の申告書」を、税務署に出す必要があります。**出すのを忘れないようにしましょう。

　また、相続税の申告は「10か月以内」という期限があります※。それまでに、この土地を誰が相続するかを決める必要があります。この期限にも注意してください。

※10か月以内に土地を相続する人が決まらない場合（未分割の場合）には、この特例を使わない申請書などを10か月以内にいったん提出します。後日、土地を相続する人が決まった時に一定の手続きをすることで、この特定を使うことができるケースがあります。

📝 使いたいときは「税理士」に相談しよう

この特例には細かい条件や注意点があります。自分で申請するのはとても難易度が高いです。この特例が使えそうだと思ったら、相続に強い税理士にすぐ相談しましょう。

➡P211 税理士に頼れること

難しさ ★★★★☆

必ずやる

なるべく
早く

無税の枠（基礎控除額）を引いて
相続税がかかるかを計算する

　相続したすべての財産の金額を計算して合計したら、次に、無税の枠（基礎控除額）を引いて、今回の相続に相続税がかかるかを計算します。この項では、この計算について解説します。

📝 無税の枠（基礎控除額）は相続税がかかるかの基準

　相続税には**「相続する財産が少ないときは、税金はなしとする」**という考えがあります。この無税となる枠のことを**「基礎控除額」**と言います。「控除」とは一定の金額を差し引くことです。この無税の枠を超えたら、超えた分の財産に税率をかけて、相続税を計算します。

　だから、**最初にするべきことは「自分がこの無税の枠を超えるのか？」を確かめること**です。この額を超えなかったら、基本的には申告も納税も必要ありません。図にするとこうでした。

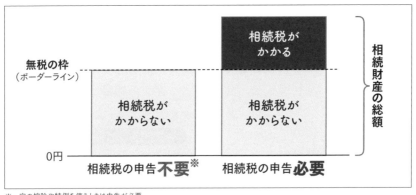

無税の枠
（ボーダーライン）

相続税が
かかる

相続財産の総額

相続税が
かからない

相続税が
かからない

0円

相続税の申告**不要**※

相続税の申告**必要**

※一定の控除や特例を使うときは申告が必要

📝 無税の枠（基礎控除額）の計算

| 無税の枠 | = | 3,000万円 | + | (| 600万円 | × | 法定相続人の人数 |) |

具体的にはこうなります。

一律3,000万円 +	法定相続人の人数 （600万円×人数）	基礎控除額
	一人（600万円）	3,600万円
	二人（1,200万円）	4,200万円
	三人（1,800万円）	4,800万円
	四人（2,400万円）	5,400万円
	五人（3,000万円）	6,000万円

　相続した財産が、この無税の枠を越えたら、超えた分の財産にだけ相続税がかかります。**超えた財産の額によって税率が変わり、税金の額を計算して税務署に申告し、税金を払います。**

→P145 相続税の計算

国税庁も「相続税の申告要否判定コーナー」というウェブサイトを作ってくれています。便利なので、こちらで計算するのもオススメです。

■国税庁「相続税の申告要否判定コーナー」

https://www.keisan.nta.go.jp/sozoku/yohihantei/top#bsctrl

税務署から納税の「支払い通知」は来ないので注意!

　相続税のポイントは**税務署が相続税を計算してくれて、支払いの通知が来るわけではない**ということです。自分から申告して、税金を払わなければならないのです。自分で手続きする方は、忘れないように注意しましょう。

税務署から「手紙」が届くことはある

　ただし、**税務署から「相続税についてのお知らせ」「相続税の申告等についての御案内」という手紙が届く**ことはあります。この手紙は、相続が起こってからだいたい半年後に来ます。この手紙は相続が起こった全世帯に来るのではなく、税務署が内部のデータベースから「相続税がかかりそうな世帯」に送っています。つまり、**この手紙が届いた世帯は税務署が注目しているということ**です。

　この手紙が届いたときは内容をしっかり読んで、相続税がかかるかを特にしっかり確認しましょう。不安な方は相続に詳しい税理士に相談することをオススメします。

5-3

難しさ ★★★★☆

該当する
方のみ

相続税の「総額」を先に出す

なるべく
早く

　相続税がかかるとわかったら、次に相続税がいくらになるかを計算します。相続税の計算は独特なやり方をします。それをこの項で解説します。

📝 相続税は各自の税額の前に「総額」を出す

　相続は、相続人全員で話し合って合意ができれば、どんな分け方でもできます。しかし、分け方によって全体の相続税の金額が変わると「税の公平性」が崩れてしまいます。そこで、**財産をどう分けても、全体の相続税が同じになるように、先に相続税の「総額」を出します。**ここが、相続税の独特な計算の仕方です。

　どう分けても相続税が同じになるようにするためには、どう計算したらいいでしょうか？　それは**「法定相続分で財産を仮に分けたとして、相続税を計算して合計」**するのです。

➡️**P78 法定相続分**

相続税の計算の仕方

法定相続分で仮に分けたときの それぞれの相続財産の額	税率	控除額
～1,000万円以下	10%	―
1,000万円超～3,000万円以下	15%	50万円
3,000万円超～5,000万円以下	20%	200万円
5,000万円超～1億円以下	30%	700万円
1億円超～2億円以下	40%	1,700万円
2億円超～3億円以下	45%	2,700万円
3億円超～6億円以下	50%	4,200万円
6億円超～	55%	7,200万円

■ 相続税の計算の例

相続人が「配偶者と子ども二人で、9,800万円の財産を相続」

◉無税の枠は

無税の枠＝3,000万円＋600万円×3人＝4,800万円

◉相続税がかかる財産は

相続財産－無税の枠＝9,800万円－4,800万円＝5,000万円

◉無税の枠を越えて、相続税がかかるこの5,000万円を**「法定相続分で財産を仮に分けたとして、相続税を計算」**

配偶者　＝1/2＝2,500万円
子ども①＝1/2×1/2＝1,250万円
子ども②＝1/2×1/2＝1,250万円

2,500万円　　1,250万円　　1,250万円

◉この分けた財産に、146ページに記載した税率をかけて、それぞれの相続税を出し、合計して総額を出す

配偶者　＝（2,500万円×15％）－50万円
　　　　＝325万円
子ども①＝（1,250万円×15％）－50万円
　　　　＝137.5万円
子ども②＝（1,250万円×15％）－50万円
　　　　＝137.5万円

325万円

137.5万円　　137.5万円

相続税の総額＝325万円＋137.5万円＋137.5万円＝600万円

5-4

それぞれが払う
相続税の金額を出す

難しさ ★★★★☆

該当する
方のみ

なるべく
早く

　払う相続税の総額が決まったら、この総額を各相続人などが実際に受け取る財産の金額に比例して、割り振ります。引き続き5-3の例を使用して解説します。

📝 それぞれの相続税の金額の出し方の例

◉**法定相続分**で分けた例

配偶者　＝総額600万円×1/2＝300万円
子ども①＝総額600万円×1/4＝150万円
子ども②＝総額600万円×1/4＝150万円

300万円　　150万円　　150万円

◉配偶者も子ども二人も、**全員に 1/3 ずつ**分けた例

配偶者　＝総額600万円×1/3＝200万円
子ども①＝総額600万円×1/3＝200万円
子ども②＝総額600万円×1/3＝200万円

200万円　　200万円　　200万円

◉**子ども①にすべて**を分けた例

配偶者　＝総額600万円×0＝0円
子ども①＝総額600万円×1＝600万円
子ども②＝総額600万円×0＝0円

0円　　　600万円　　　0円

このように、どう分けるかによって、各相続人などの相続税の金額が決まります。さらに**相続税を少なくできる特例や控除（差し引ける金額）や、場合によっては2割の加算があるので、それぞれの相続税からその分を引いたり足したりします。**これは個々の事情を考慮に入れるためです。これらを計算することで、それぞれが実際に払う相続税の金額が出るのです。

相続税が少なくなる特例や控除の概要

配偶者の税額軽減	配偶者が相続した財産は、1億6,000万円 または法定相続分まで相続税がかからない
贈与税額控除	生前贈与で受け取った財産を相続財産に加算された人は 生前贈与を受けたときに納めた贈与税を 相続税から差し引くことができる
相次相続控除	10年以内に2回以上の相続があった場合には、 1回目に納めた相続税の一部を、 2回目の相続税から差し引くことができる
未成年者控除	未成年者が法定相続人の場合、 「10万円×(20歳－相続時の年齢)※1年未満切り捨て」の額を 相続税から差し引くことができる
障害者控除	障害者が法定相続人の場合、 一般障害者「10万円×(85歳－相続時の年齢)」 特別障害者「20万円×(85歳－相続時の年齢)」 の額を相続税から差し引くことができる
外国税額控除	外国にある財産を相続した場合、 その国の法律により課税された相続税にあたる額を、 国内で納める相続税から差し引くことができる

　表を見てわかるように、配偶者には多額の税額の軽減があります。つまり、**配偶者が財産を相続すれば、ほとんどの場合、相続税がゼロになるのです。**ただし、その配偶者が亡くなったときの相続（「二

次相続」といいます）は、配偶者はいないため、この軽減がされません。**配偶者が最初の相続で安易に財産を相続すると、二次相続で多額の相続税になることもあります。**

　相続税の額を考えるときには、二次相続まで考える必要があります。二次相続については、税理士に頼ることをオススメします。

相続税の「2割」加算の例

　相続税の考え方は「相続は、親から子どもへされる」ことが基本だと捉えられています。そして、親から子どもへの相続のときに子どもが相続税を支払い、子どもから孫への相続のときに孫が相続税を支払うというのが一般的な流れです。

　この流れではない相続は、場合によっては、相続税の課税を一世代免れる結果になることもあります。それで、**同じ相続税では不公平と考え、相続税の2割の加算**が設けられています。

■ 2割の加算がされる人

> 配偶者・子ども・親「以外」で、財産をもらう人
> たとえば➡祖父母、孫、ひ孫、兄弟姉妹、甥・姪、内縁の夫・妻
> 　　　　　その他、遺言で財産をもらう人

※ただし、養子や代襲相続の場合は、例外もあります。養子や代襲相続も考える必要がある方は、相続に詳しい税理士に相談しましょう。

相続税の総額を「早見表」で計算してみよう！

　ここまでの解説をふまえて、大まかな相続税の「総額」を把握したいときは、次の早見表を使ってください。

※法定相続分で相続財産を分けたと仮定して、相続税を計算しています
※この「相続財産」は、無税の枠を引く「前」の総額です
※最初の表は、配偶者の税額軽減の特例を「適用」して計算しています

■ 相続人が配偶者と子どもの場合の相続税の早見表

相続財産	配偶者 子ども一人	配偶者 子ども二人	配偶者 子ども三人	配偶者 子ども四人
5,000万円	40万円	10万円	0円	0円
6,000万円	90万円	60万円	30万円	0円
7,000万円	160万円	113万円	80万円	50万円
8,000万円	235万円	175万円	138万円	100万円
9,000万円	310万円	240万円	200万円	163万円
1億円	385万円	315万円	262万円	225万円
1.5億円	920万円	747万円	665万円	587万円
2億円	1,670万円	1,350万円	1,217万円	1,125万円
2.5億円	2,460万円	1,985万円	1,800万円	1,687万円
3億円	3,460万円	2,860万円	2,540万円	2,350万円
5億円	7,605万円	6,555万円	5,962万円	5,500万円
10億円	1億9,750万円	1億7,810万円	1億6,635万円	1億5,650万円

■ 相続人が子どものみの場合の相続税の早見表

相続財産	子ども一人	子ども二人	子ども三人	子ども四人
5,000万円	160万円	80万円	20万円	0円
6,000万円	310万円	180万円	120万円	60万円
7,000万円	480万円	320万円	220万円	160万円
8,000万円	680万円	470万円	330万円	260万円
9,000万円	920万円	620万円	480万円	360万円
1億円	1,220万円	770万円	630万円	490万円
1.5億円	2,860万円	1,840万円	1,440万円	1,240万円
2億円	4,860万円	3,340万円	2,460万円	2,120万円
2.5億円	6,930万円	4,920万円	3,960万円	3,120万円
3億円	9,180万円	6,920万円	5,460万円	4,580万円
5億円	1億9,000万円	1億5,210万円	1億2,980万円	1億1,040万円
10億円	4億5,820万円	3億9,500万円	3億5,000万円	3億1,770万円

「10か月」以内に
申告と納税をする

　相続税は、相続の開始を知った日（通常は亡くなった日）の翌日から「10か月」以内に、申告と納税をする必要があります。この項では、そのやり方を解説します。

📝 申告と納税の必要があるのは「無税の枠」を超える人

　142ページで解説したとおり、相続税の無税の枠（ボーダーライン）を超えた人は、相続税を払う必要がありました。

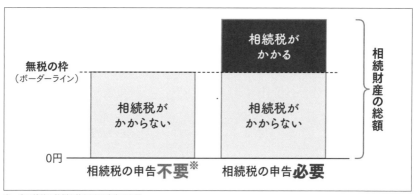

相続税が
かかる

無税の枠
（ボーダーライン）

相続税が
かからない

相続税が
かからない

相続
財産
の総
額

0円

相続税の申告**不要**※

相続税の申告**必要**

※一定の控除や特例を使うときは申告が必要

➡P142 相続税の無税の枠

　また、**配偶者の税額軽減**や**小規模宅地等の特例**など「相続税が少なくなる特例や控除」を使えば、相続税がゼロになる方も申告が必要です。**申告書を出すことで適用が受けられる**のです。忘れないように注意しましょう。

➡P150 相続税が少なくなる特例や控除
➡P139 小規模宅地等の特例

📝 実際の申告の方法

相続税の申告書は、税務署の窓口か、国税庁のウェブサイトから手に入れます。

■国税庁の「相続税の申告手続」のページ

https://www.nta.go.jp/taxes/tetsuzuki/shinsei/annai/sozoku-zoyo/annai/2223-01.htm

申告書は、故人が亡くなったときの住所地の所轄の税務署に出します。通常は、相続人など申告の義務のある人の全員で共同の1通を作ります。税務署の窓口に出すか、郵送で出します。

申告書を出すときは、第1表のコピーを2枚、用意しましょう。そのうちの1枚に「控え」と記入すると、税務署は受理の印を押してくれます。（郵送のときは、返信用の封筒に切手を貼って同封すると、送り返してくれます）印のある控えは、申告をした証明になりますので、保管しておきます。

■ 申告書と合わせて提出する書類

❶相続人のマイナンバーカード
（通知カード、マイナンバーが書かれている住民票でも可）

❷相続人の本人確認書類
（運転免許証・パスポート・公的医療保険の被保険者証などのどれか1つ）

❸亡くなった方の、生まれてから亡くなるまでの戸籍謄本
（認証文のついた法定相続情報一覧図で代用できる）　➡P79 戸籍を集める

❹すべての相続人の、現在の戸籍謄本
（認証文のついた法定相続情報一覧図で代用できる）　➡P79 戸籍を集める

❺遺言書、または遺産分割の協議書　➡P86、110 財産を分ける

❻すべての相続人の、印鑑証明書の原本
（遺産分割の協議書を出さないときは必要なし）

❼申告書の計算書や明細書に書いた、数字の根拠となる資料

❶〜❺はコピーでもかまいません。ただし❻の印鑑証明書は原本を出す必要があります。

❸❹の代わりに、法定相続情報一覧図のコピーでもかまいません。そのときは、子どもの続柄を「長男、長女、養子」などと書く必要があります。また養子がいるときは、その養子の戸籍謄本または抄本も出します。

その他、小規模宅地等の特例などを使うときは、さらに書類が必要になることがあります。国税庁のウェブサイトをご確認ください。

■国税庁「（参考）相続税の申告の際に提出していただく主な書類」

https://www.nta.go.jp/publication/pamph/sozoku/shikata-sozoku2021/pdf/E10.pdf

マイナンバーが確認されるので忘れずに

　相続税の申告書には、申告する人「全員」のマイナンバー（個人番号）を書きます（亡くなった方のマイナンバーは必要ありません）。
　税務署の窓口で申告するときは、本人確認のために、マイナンバーカードを、通知カードしかない方は、通知カードだけでなく、本人確認書類（運転免許証・パスポート・公的医療保険の被保険者証などのどれか1つ）を持参してください※。

※住民票に記載されている内容と一致している場合

「税理士を頼る」か「自分で手続きする」かを決めよう

　税理士に頼らず、ご自身で申告の手続きをしたい方は、国税庁のサイトを見ながら、記入していきましょう。詳しく解説されていて、記入例も載っています。サイトを見て「これは自分一人では難しい」と感じた方は、相続に詳しい税理士を頼りましょう。

➡P211 税理士に頼れること

■国税庁の「相続税の申告手続」のページ
https://www.nta.go.jp/taxes/tetsuzuki/shinsei/annai/
sozoku-zoyo/annai/2223-01.htm

納税は「10か月以内」に「現金で一括」の支払いが原則

　相続税を納める期限も、申告の期限と同じで**相続の開始を知った日（通常は亡くなった日）の翌日から「10か月」以内**です。この日が土日・祝日・年末年始（12月29日〜1月3日）のときは、その翌日が期限になります。1日でも期限を過ぎてしまうと、延滞税も払う必要があるので注意してください。

基本的には**現金一括**で納めます。相続人それぞれで納めます。代わりに負担すると贈与とみなされかねないので注意が必要です。

　期限内であれば、申告書と同じタイミングでなくても大丈夫です。先に納税だけ済ませておくこともできます。

　どうしても現金で一括で納めるのが難しいときは、例外的に、分割で支払う「延納」や物で支払う「物納」という方法もあります。これらを使いたいときは、**相続に詳しい税理士に相談**しましょう。

📝 納める方法は3つ

　納税の方法は3つあります。

❶金融機関の窓口から振り込みで
❷税務署の窓口で現金で
❸クレジットカードで

　❶❷には、納付書が必要です。どの税務署でも手に入れられます。郵送で取り寄せることもできます。

📝 納付書の書き方のサンプル

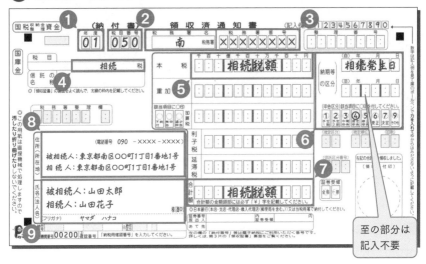

至の部分は記入不要

❶年度	相続税を納める年度を記入。年度は和暦で、毎年4月1日〜翌年の3月31日までの区切り（2023年3月に納めるとき、2022年＝令和4年度となるため「04」と記入）
❷税目番号	税金の種類で、相続税は「050」と記入 ※印字されていたら、改めての記入は不要
❸税務署名・ 税務署番号	相続税を納付する管轄の税務署名と税務署番号（日本銀行取扱庁コード）を記入 ※印字されていたら、改めての記入は不要
❹税目	「相続」もしくは「ソウゾク」と記入 ※印字されていたら、改めての記入は不要
❺本税	申告書の「申告期限までに納付すべき税額」を記入
❻納期等の 区分	【自】に相続開始日（故人が亡くなった日）を記入 【至】は空欄でOK 【申告区分の欄】は、相続税申告期限内のときは④（確定申告）に〇

❼合計額	❺の「本税」と同じ金額を記入 ※金額の前に「¥（円マーク）」をつける	
❽住所 （所在地）	被相続人（故人）と相続人の住所・電話番号をそれぞれ記入 ※被相続人の住所は、死亡時に住んでいた住所地 ※相続人の電話番号は、固定電話でも携帯電話でも可	
❾氏名 （法人名）	被相続人と相続人の氏名をそれぞれ記入 ※「フリガナ」は、相続人氏名のフリガナを記入	

　相続税を❸のクレジットカードで納めるときは、国税局の専用サイトから手続きをします。このときは、納付書は必要ありません。

■国税クレジットカードお支払いサイト

https://kokuzei.noufu.jp/

　ただし、以下のような注意点があります。

◉**領収書の発行がされない**
◉**利用限度額は、カードの利用限度額、かつ、1,000万円未満** ※ただし、分割払いもできる
◉**決済手数料が、1万円単位で約83円（約0.83％）かかる** ※お支払いサイトで計算できる
◉**ポイントはつくが、納税のときは還元率が下がるときがある**

　検討するときは、カード会社に還元率などを必ず確認しましょう。

申告の内容が「間違っている」と気づいたらすぐに修正を

相続税の申告と納税を済ませたあとに、内容の間違いに気づくことがあります。その場合は、すぐに訂正しましょう。

納めた相続税が少なかったときは「修正申告」をします。遅れた分、追加で税金がかかるので、できるだけ早く対応しましょう。

納めた相続税が多かったときは「更正の請求」をします。そうすると、納めすぎた分は戻る可能性があります。ただし、**請求の期限が、相続税の申告の期限から「5年以内」**です。

「税務調査」についても知っておこう

税務署は、出された申告書におかしいところがあり、詳しく調べたいときに、納税者を調査する権限を持っています。この調査を「税務調査」と言います。税務署から事前に電話がかかってきます。申告したのが税理士だったら税理士に、相続人だったら相続人に電話があります。

電話の時期は、**納税した年度の翌年度または2年後、8月から11月ごろ**であるのが一般的です。実際の調査は、電話があった年の9月から12月ごろまでが多いです。

税理士の立ち会いもできるので、連絡が来たらすぐに税理士に相談しましょう。このように、調査のことを考えると、申告は税理士に頼んだほうが安心できると思います。

➡P211 税理士に頼れること

もしも税務調査を受けたら？

■申告しなかった人への調査が増えている

144ページで、**税務署から「相続税についてのお知らせ」「相続税の申告等についての御案内」という手紙**について書きました。

この手紙が届いた世帯は、税務署が注目しているということです。**この手紙を受け取ったのに申告がなかった人は「申告漏れがあるのではないか？」「何か隠しているのではないか？」と疑われ、調査が入りやすくなる**ようです。調査が入った場合、8割以上の人が、何かしらの申告漏れを指摘されています。申告漏れなどにより税額が足りないと、ペナルティが上乗せされて課税されます。くれぐれも注意しましょう。

■「名義預金」が狙われる

相続税の申告漏れの財産は、例年「現金・預貯金」がトップになっています。特に、**配偶者や子ども名義の預貯金が、税務調査でチェックされます。**「名義は変えているが、実際は亡くなった方の預金なのではないか」と税務署は疑っているのです。このように、名義と所有者が違う口座を「名義口座」と言います。

亡くなった方の口座から多額の引き出しがあったり、多額の預金の移動があったりしたときは、特に注意が必要です。何に使ったか、何のために移動したのかを聞かれることが多いです。

また、専業主婦や未成年の子どもなどの名義の口座に多くの預貯金がある場合も注意しましょう。そのお金が、本当は誰のものなのかの確認が必要です。生前贈与をしたつもりになっていて、適切な贈与がされていないと、名義預金として追徴されることもあります。

不安な方は税理士に相談し、問題がないかを必ず確認しましょう。

第6章

しないと損する「支給申請」の手続き

　大切な方が亡くなったとき、こちらから支給を請求することで、受け取れるお金があります。知っていないと請求できないので、該当するものがないか、確認しましょう。特に、葬祭費・埋葬料は該当する方が多いので、必ず確認してください。

　期限の長いものが多いです。後回しにしたまま、うっかり忘れないように注意してください。

「支給申請」の手続きを確認しよう

📝 支給の申請の手続き一覧

❶葬祭費・埋葬料の支給を申請	2年で時効	P165
❷高額療養費がある方は請求	2年で時効	P168
❸遺族年金を請求	5年で時効	P170
❹児童扶養手当が 受け取れないか確認	なるべく早く	P181
❺生命保険の死亡保険金の 受け取りの手続き	3年で時効	P183
❻iDeCoに加入していたら 死亡一時金の受け取りの手続き	5年で時効	P185

📝 期限が長いので忘れないように注意しよう

　こちらから支給を請求することで、受け取れるお金を、この章で解説します。該当するものがないか、確認しましょう。特に、**葬祭費・埋葬料は該当する方が多いです**。

　また、**生命保険は、加入していたことに家族が気づいていないことが多いです**。保険証券などがないか、しっかり探しましょう。

　この章で紹介するものは、期限の長いものが多いです。後回しにしたまま、うっかり忘れないように注意してください。

　ここで紹介するものは、よくある代表的なものです。他にもないか、窓口などであわせて確認しましょう。

6-1 葬祭費・埋葬料の 支給を申請する

難しさ ★☆☆☆☆

該当する 方のみ

2年で 時効

　亡くなった方が加入していた、国の公的保険から、葬儀費用の負担を軽くするために払われる給付金があります。最大、7万円が受け取れますので、該当する方はぜひ手続きしましょう。

「国民健康保険」「後期高齢者医療制度」に入っていたとき

　葬儀を行った喪主などに対して、葬儀費が払われます。金額は市区町村によって違い、**3〜7万円**です。市区町村によっては、別の給付も受けられることがあるので、確認してみましょう。

対象者	亡くなった方が「国民健康保険」「後期高齢者医療制度」に入っていたとき
提出する人	葬儀を行った喪主など
窓口	亡くなった方が住んでいた市区町村の役所
提出するもの	**申請書** ※様式は市区町村によって違います ※役所の窓口で手に入ります。ウェブサイトからダウンロードできるところも多いです
必要な書類	●亡くなった方の保険証 ●申請する人の本人確認の書類（運転免許証、マイナンバーカード、パスポートなど） ●印鑑（認印でOK） ●葬儀の領収書（宛名が申請者である喪主と同じである必要があります。コピーでOKなところと原本が必要なところがあります） ●申請する人の振込口座がわかるもの　など

注意点	◉市区町村によって、様式も必要な書類も違います。必ず事前に確認してください
期限	葬儀をした日の翌日から**2年**で時効

会社員などで「健康組合」に入っていたとき

　亡くなった方に生計を維持されていて、埋葬を行った方に対して、埋葬料が払われます。**5万円**です。

　該当する人がいないときは、実際に埋葬した人に埋葬料が払われます。そのときは5万円の範囲内で、実際に埋葬にかかった費用（霊柩車代・火葬料・祭壇一式料など）が支給されます。

対象者	亡くなった方が会社員などで、健康保険に入っていたとき ※退職後、3か月以内まで対象です
提出する人	亡くなった方に生計を維持されていて、埋葬を行った方 ※該当する人がいないときは、実際に埋葬した方
窓口	亡くなった方の勤務先の管轄の協会けんぽ（年金事務所）または健康保険組合
提出するもの	**申請書** ※協会けんぽや健康保険組合のウェブサイトからダウンロードできるところが多いです
必要な書類	◉亡くなった方の保険証 ◉申請する人の本人確認の書類（運転免許証、マイナンバーカード、パスポートなど） ◉印鑑（認印でOK） ◉葬儀の領収書（宛名が申請者である喪主と同じである必要があります。コピーでOKなところと原本が必要なところがあります） ◉申請する人の振込口座がわかるもの　など

注意点	●市区町村によって、様式も必要な書類も違います。必ず事前に確認してください
期限	葬儀をした日の翌日から**2年で時効**

葬祭費も埋葬料も相続財産ではない

　どちらも、実際にかかった費用の負担を減らすという目的で支給されるので、**相続財産にはなりません。**

　逆に、**実際に葬儀や埋葬をしていないときは、支給を受けることができない**ので注意してください。

高額療養費がある方は請求する

難しさ ★☆☆☆☆

該当する
方のみ

2年で
時効

　亡くなる直前に、高額な医療費がかかっていたとき、お金が戻ってくる「高額療養費」という制度があります。亡くなったあとの請求もできるので、亡くなった方が高額な医療費を払っていたときは、申請しましょう。

📝 高額療養費の制度とは

　公的な医療保険に加入することで、医療費は最大3割負担で済みます。しかし、それでも高額な負担になってしまうことがあります。そのとき、負担を減らしてくれるのが、**高額療養費**の制度です。

　病院や薬局で払った金額が、歴月（1日～末日）で一定の金額を超えたときに、その超えた分を戻してもらえます。その上限は、年齢や所得などで細かく分かれています。

■ 高額療養費の上限の例

　たとえば、70歳未満で、年収500万円・所得380万円の方がいたとします。その方が、病院や薬局で、ある月に100万円を支払ったとすると、3割負担なので30万円を払います。

　ここに高額療養費の制度が適用されると

1か月の自己負担の上限額の例
＝8万100円＋（100万円－26万7,000円）×1％ ＝8万7,430円

そこで、すでに支払った金額が30万円なので

支払った金額－上限額＝高額療養費の支給額
＝30万円－8万7,430円＝21万2,570円

となります。

📝 高額療養費の請求の方法

対象者	亡くなった方が ❶国民健康保険・後期高齢者医療制度に入っていたとき ❷健康保険（会社員など）に入っていたとき
提出する人	相続人
窓口	❶亡くなった方が住んでいた市区町村の役所 ❷協会けんぽ、または健康保険組合 ※郵送でも手続きできるところもあります
提出する もの	**高額療養費の支給申請書** ※窓口で手に入れます。役所や健康保険組合のウェブサイトから ダウンロードできるところもあります
必要な書類	●病院に支払った領収書 ●亡くなった方との関係がわかる書類（戸籍謄本など） ※**自治体や状況によって必要なものが変わります。**窓口に必ず 確認してください
注意点	●差額ベッド代や食事代、先進医療、自由診療などは対象となりません ●受け取ったお金は、遺産分割協議の対象となります。相続税の 対象にもなりますので、注意してください。 ●申請先によっては、相続の順位が一番高い相続人に申請者が 限られることがあります。 ●高額療養費の申請をすると、相続の放棄ができなくなる可能性があります ➡P98 相続の放棄
期限	診療を受けた月の翌月の初日から**2年**で時効

難しさ ★★★★☆

該当する
方のみ

5年で
時効

遺族年金を請求する

遺族年金は、国の公的年金制度の1つです。家族を養っていた人や年金を受け取っていた人が亡くなったときに、残された家族の生活を守るために支給されます。その遺族年金を解説します。

年金の制度は複雑で、細かい条件があります。実際の支給の条件や金額など、年金事務所やねんきんダイヤルに相談しましょう。

➡P228 ねんきんダイヤル

📝 遺族年金には「遺族基礎年金」「遺族厚生年金」の2つがある

遺族年金には「遺族基礎年金」と「遺族厚生年金」の2つがあり、それぞれ、受け取れる資格や、受け取れる金額に違いがあります。

	自営業など（国民年金）	会社員・公務員など（厚生年金）
支給される年金	遺族基礎年金	遺族基礎年金 遺族厚生年金
年金を受け取れる人	❶18歳未満の子どもがいる配偶者 ❷子ども（18歳まで） ※❶➡❷の順	❶妻、夫、子ども ❷父母 ❸孫 ❹祖父母 ※❶➡❹の順
注意点	●子どものいない配偶者には支給されません ●子どもが全員、18歳の年度末を過ぎるともらえなくなります	●遺族基礎年金の部分は、子どものいない配偶者には支給されません ●遺族厚生年金の部分は、子どもの有無にかかわらず、生涯もらえます

📝 子どもを育てるための「遺族基礎年金」

　遺族基礎年金は、子どもの生活を支えることを目的にしています。そのため、**18歳未満の子どもがいる世帯に支給**されます。厳密には、子どもが18歳になった年度末（3月末）まで支給されます（障害等級1級または2級のときは20歳未満まで）。

　国民年金に加入している方と、厚生年金に加入している方が亡くなったときに、遺族が受け取ることができます。

ただし、原則として、国民年金の保険料を、3分の2以上、亡くなった方が納めていたことが条件になります（特例もあります）。

　細かい条件がありますので、年金事務所やねんきんダイヤルに必ず確認しましょう。

📝 「遺族基礎年金」で受け取れる金額

◉**子どものいる配偶者**が受け取るときは

> 年間77万7,800円＋子どもの加算額

◉配偶者がいなくて、**子どもが受け取る**ときは

> 年間77万7,800円＋二人目以降の子どもの加算額

◉**子どもの加算額**は
　一人目と二人目が各22万3,800円
　三人目以降が各7万4,600円です。

※2022年度の金額です。毎年、見直しがされます。

📝 家族を支えるための「遺族厚生年金」

　遺族厚生年金は、家族の生活を支えることを目的にしています。そのため、**18歳未満の子どもがいない方にも支給**されます。厚生年金に加入している方や厚生年金を受け取っていた方が亡くなったとき、法律の言葉で「生計を維持」されていた遺族が受け取ることができます。

　「生計を維持」とは、亡くなった方の死亡時に、生計が一緒になっていた方で、原則として年収850万円未満の方がいるときです。

　ただし、原則として、厚生年金の保険料を、３分の２以上、亡くなった方が納めていたことが条件になります（特例もあります）。

　また、過去に厚生年金に入っていたときも「被保険者であった期間中に初診を受け、５年以内の死亡」のときも給付されます。

　受け取れるのは、❶妻、夫、子ども、❷父母、❸孫、❹祖父母で、❶❷❸❹の順です。

　細かい条件がありますので、年金事務所やねんきんダイヤルに必ず確認しましょう。たとえば、❶の妻が30歳未満のときは給付期間が5年間までです。また、❶の夫、❷の祖父、❹祖父母には、55歳以上という条件があり、さらに支給は60歳になってからです。

📝 「遺族厚生年金」で受け取れる金額

　遺族基礎年金のように定額ではなく、原則として、**亡くなった方の老齢厚生年金の報酬比例部分の4分の3の金額**になります。

　報酬比例部分は、亡くなった方が、厚生年金をいくら払ったかを計算する元となる報酬月額と払った月数など、いくつかの条件で決まります（次の表で例を出します）。亡くなった方の収入が多いと、厚生年金の支払いも多くなり、報酬比例部分も多くなり、遺族厚生年金も多くなります。つまり、**収入と比例する部分**です。

　また、65歳以上の方は、遺族厚生年金と、自分の老齢基礎年金、老齢厚生年金または障害基礎年金の一部または全部を併せて受け取ることができます。

　また、遺族厚生年金を受け取る方が夫か妻か、年齢などによっても受け取れる額が変わります（妻が残されたほうが多く受け取れます）。

「遺族基礎年金」と「遺族厚生年金」で受け取れる金額の目安

　以上を踏まえて、遺族年金で受け取れる金額の目安を紹介します。例は、遺族が妻のケースを扱います。

		夫が自営業など（国民年金）	夫が会社員など（厚生年金）		
			平均標準報酬月額		
			25万円	35万円	45万円
		遺族基礎年金	遺族基礎年金＋遺族厚生年金		
子ども※のいる妻	子ども三人の期間	月額約10.8万円（年額1,300,000円）	月額約14.1万円（年額1,700,794円）	月額約15.5万円（年額1,861,112円）	月額約16.8万円（年額2,021,430円）
	子ども二人の期間	月額約10.2万円（年額1,225,400円）	月額約13.5万円（年額1,626,194円）	月額約14.8万円（年額1,786,512円）	月額約16.2万円（年額1,946,830円）
	子ども一人の期間	月額約8.3万円（年額1,001,600円）	月額約11.6万円（年額1,402,394円）	月額約13.0万円（年額1,562,712円）	月額約14.3万円（年額1,723,030円）
子ども※のいない妻	妻が40歳未満の期間	支給されません	遺族厚生年金		
			月額約3.3万円（年額400,794円）	月額約4.6万円（年額561,112円）	月額約6.0万円（年額721,430円）
	妻が40歳～64歳の期間	支給されません	遺族厚生年金＋中高齢寡婦加算		
			月額約8.2万円（年額984,194円）	月額約9.5万円（年額1,144,512円）	月額約10.8万円（年額1,304,830円）
	妻が65歳以降の期間	妻の老齢基礎年金	遺族厚生年金＋妻の老齢基礎年金		
		月額約6.4万円（年額777,800円）	月額約9.8万円（年額1,178,594円）	月額約11.1万円（年額1,338,912円）	月額約12.4万円（年額1,499,230円）

※子どもは、18歳になった年度末まで支給（障害等級1級または2級のときは20歳未満まで）
※「**中高齢寡婦加算**」は、子どもがいない、40歳～64歳の妻に加算される年金です

📝 遺族基礎年金がもらえないときに、受け取れるお金

　前の表を見てもわかるように、**国民年金に加入していた方がなくなったとき、支給されないケースが多い**です。そのときには、次のようなお金が受け取れることがあります。該当しないか、チェックしてみてください。

寡婦年金	死亡の前日に、国民年金を10年以上納めていた夫が亡くなったときに、夫によって生計を維持されていて、かつ、夫との婚姻関係が10年以上継続している妻（事実婚を含みます）が、**60〜65歳に受け取れる年金**です
死亡一時金	死亡の前日に、国民年金の第1号被保険者として保険料を3年以上納めていた方が亡くなったときに、**遺族が受け取ることができる一時金**です

　この２つは、国民年金の独自の制度です。厚生年金にはありません。亡くなった夫が、すでに老齢基礎年金を受け取っていたときなど、請求ができないことがあります。死亡一時金は、遺族基礎年金を受け取る人がいるときは受け取れません。また、どちらも受け取れるときは、どちらかを選びます。

 遺族年金を請求する方法

　遺族年金は自動的に支払われるものではなく、自分で請求をする必要があります。

請求する人	遺族年金を受け取る方
窓口	最寄りの年金事務所、または年金相談センター
提出するもの	**年金請求書** ※年金事務所、年金相談センターの窓口で手に入ります。日本年金機構のホームページからもダウンロードできます
必要な書類	❶亡くなった方と請求する方の年金手帳 ❷死亡日よりあとで、6か月以内に交付された戸籍謄本、または法定相続情報一覧図の写し ※亡くなった方と請求する方の関係などを確認します ➡P79 戸籍の取り方 ➡P30 法定相続情報一覧図の作り方 ❸住民票（世帯全員分、本籍地とマイナンバーの記載は任意） ※亡くなった方との生計の関係を確認します ❹亡くなった方の住民票の除票 ※❸に含まれるときは、いりません ❺請求する方の収入を確認できる書類（課税証明書、源泉徴収票など） ❻死亡診断書のコピー ❼預金通帳など（請求する方の名義のもの） ※❸〜❺は、マイナンバーを記入することで添付を省略できます
注意点	◉遺族年金は非課税です。ただ、受け取る人が自身の老齢年金などと併せて受け取るときは、遺族年金の部分だけが非課税になります
期限	亡くなった翌日から**5年を過ぎると時効**になり、受け取る資格がなくなります。早めに手続きしましょう

✏️ 年金請求書の書き方のサンプル

　このサンプルは、老齢厚生年金を受け取っていた方が亡くなり、一緒に生活していた配偶者（ご本人も老齢厚生年金を受給）が、遺族年金を請求するケースです。

【請求書1ページ】

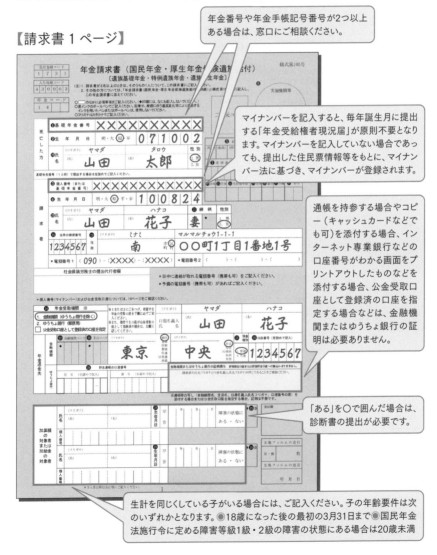

年金番号や年金手帳記号番号が2つ以上ある場合は、窓口にご相談ください。

マイナンバーを記入すると、毎年誕生月に提出する「年金受給権者現況届」が原則不要となります。マイナンバーを記入していない場合であっても、提出した住民票情報等をもとに、マイナンバー法に基づき、マイナンバーが登録されます。

通帳を持参する場合やコピー（キャッシュカードなどでも可）を添付する場合、インターネット専業銀行などの口座番号がわかる画面をプリントアウトしたものなどを添付する場合、公金受取口座として登録済の口座を指定する場合などは、金融機関またはゆうちょ銀行の証明は必要ありません。

「ある」を〇で囲んだ場合は、診断書の提出が必要です。

生計を同じくしている子がいる場合には、ご記入ください。子の年齢要件は次のいずれかとなります。◉18歳になった後の最初の3月31日まで◉国民年金法施行令に定める障害等級1級・2級の障害の状態にある場合は20歳未満

【請求書3ページ】

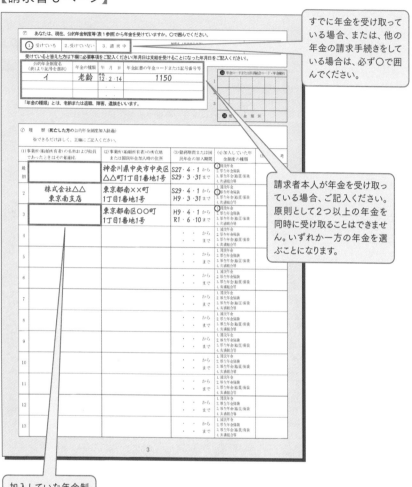

すでに年金を受け取っている場合、または、他の年金の請求手続きをしている場合は、必ず〇で囲んでください。

請求者本人が年金を受け取っている場合、ご記入ください。原則として2つ以上の年金を同時に受け取ることはできません。いずれか一方の年金を選ぶことになります。

加入していた年金制度が国民年金のときは、記入は不要です。

【請求書5ページ】

必ずご記入ください。

(1)死亡した方の生年月日、住所	昭和7 年 10月 2 日 住所 〒123-4567　南区○○町1丁目1番地1号		
(2)死亡年月日 令和元 年 6 月 10 日	(3)死亡の原因である傷病または負傷の名称 急性心不全	(4)傷病または負傷の発生した日 令和元 年 6 月 10 日	
(5)傷病または負傷の初診日 令和元 年 6 月 10 日	(6)死亡の原因である傷病または負傷の発生原因	(7)死亡の原因は第三者の行為によりますか。 1. は い ・ 2. いいえ	
(8)死亡の原因が第三者の行為により発生したものであるときは、その者の氏名および住所	氏 名 住 所		
(9)請求する方は、死亡した方の相続人になれますか。		1. は い ・ 2. いいえ	

(10)死亡した方は次の年金制度の被保険者、組合員または加入者となったことがありますか。あるときは番号を○で囲んでください。
1. 国民年金法　　　　　　　　　　　2. 厚生年金保険法　　　　　　3. 船員保険法（昭和61年4月以後を除く）
4. 廃止前の農林漁業団体職員共済組合法　5. 国家公務員共済組合法　　　6. 地方公務員等共済組合法
7. 私立学校教職員共済法　　　　　　8. 旧市町村職員共済組合法　　　9. 地方公務員の退職年金に関する条例　10. 恩給法

(11)死亡した方は、(10)欄に示す年金制度から年金を受けていましたか。	1. はい 2. いいえ	受けていたときは、その制度名と年金証書の基礎年金番号および年金コード等をご記入ください。	制 度 名 厚生年金	年金証書の基礎年金番号および年金コード等 ××××-××××××-1150

(12)死亡の原因は業務上ですか。 1. は い ・ 2. いいえ	(13)労災保険から給付が受けられますか。 1. は い ・ 2. いいえ	(14)労働基準法による遺族補償が受けられますか。 1. は い ・ 2. いいえ

(15)遺族厚生年金を請求する方は、下の欄の質問にお答えください。いずれかを○で囲んでください。

ア　死亡した方は、死亡の当時、厚生年金保険の被保険者でしたか。	1. は い ・ 2. いいえ
イ　死亡した方が厚生年金保険（船員保険）の被保険者もしくは共済組合の組合員の資格を喪失した後に死亡したときであって、厚生年金保険（船員保険）の被保険者または共済組合の組合員であった間に発した傷病または負傷が原因で、その初診日から5年以内に死亡したものですか。	1. は い ・ 2. いいえ
ウ　死亡した方は、死亡の当時、障害厚生年金（2級以上）または旧厚生年金保険（旧船員保険）の障害年金（2級相当以上）もしくは共済組合の障害年金（2級相当以上）を受けていましたか。	1. は い ・ 2. いいえ
エ　死亡した方は平成29年7月までに老齢厚生年金または旧厚生年金保険（旧船員保険）の老齢年金・通算老齢年金もしくは共済組合の退職給付の年金の受給権者でしたか。	1. は い ・ 2. いいえ
オ　死亡した方は保険料納付済期間、保険料免除期間および合算対象期間（死亡した方が大正15年4月1日以前生まれの場合は通算対象期間）を合算した期間が25年以上ありましたか。	1. は い ・ 2. いいえ

①アからウのいずれか、またはエもしくはオに「はい」と答えた方
⇒(16)にお進みください。
②アからウのいずれかに「はい」と答えた方で、エまたはオについても「はい」と答えた方
⇒下の□のうち、希望する欄に✓を付けてください。

□　年金額が高い方の計算方法での決定を希望する。 □　指定する計算方法での決定を希望する。 ⇒右欄のアからウのいずれか、またはエもしくはオを○で囲んでください。	ア・イ・ウ または エ・オ

(16)死亡した方が共済組合等に加入したことがあるときは、下の欄の質問にお答えください。

ア　死亡の原因は、公務上の事由によりますか。	1. は い ・ 2. いいえ
イ　請求者は同一事由によって、退職費用対象期間を有することによる共済組合法に基づく遺族給付を受けられますか。	1. は い ・ 2. いいえ

5

交通事故など、死亡の原因が第三者の行為による場合は、その旨を窓口にお申し出ください。別途書類が必要です。

年金を受け取っていた方が亡くなった場合は、死亡届が必要です。また、亡くなった方が受け取るはずであった年金が残っているときは、「未支給年金・未支払給付金請求書」により請求することができます。（ただし一定の要件が必要です）

申立てを行った場合、同居の事実を明らかにすることができる世帯全員の住民票が必要です。
※請求書1ページでマイナンバーを　記入した場合、その方の世帯全員の住民票は不要です。

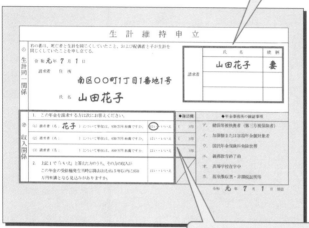

収入関係については生計維持があったこと（①生計同一関係があったこと②配偶者または子が収入要件を満たしていること）を証明する書類が必要です。
※請求書1ページでマイナンバーを記入した場合、その方の収入について証明する書類は原則不要です。

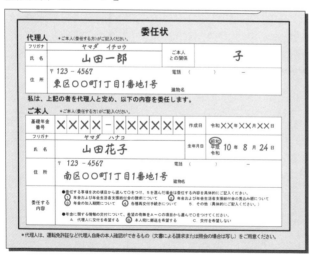

6-4

児童扶養手当が
受け取れないか確認する

難しさ ★★★☆☆

該当する
方のみ

なるべく
早く

　ひとり親世帯などに対して手当を支給する「児童扶養手当」という制度があります。遺族年金などを受け取っているともらえませんが、年金の額が手当よりも低いときは、差額を受け取れます。受け取るための条件や受け取れる金額などを解説します。

📝 対象になる人と、受け取るための条件

　対象は、死別などで、**ひとり親である家庭**です。対象となる期間は、子どもが、満18歳になる年の年度末（3月31日）までです（障害等級1級または2級のときは20歳未満まで）。

　父親、母親、または父母に代わって養育している方が対象です。子どもだけの世帯も対象です。日本国内に住所がある必要があります。

📝 受け取れる金額

子どもの数	全部支給の金額	一部支給の金額
一人	43,070円	43,060円〜10,160円
二人	10,170円 を加算	10,160円〜5,090円 を加算
三人目以降	6,100円 を一人につき加算	6,090円〜3,050円 を一人につき加算

ただし、**所得の制限があり、一部の支給になるときや、支給がされないときがあります。**収入ベースの目安は、全部支給になるのは二人世帯のときは160万円以内、一部支給になるのは二人世帯で365万円以内です。前年の所得で計算します。

　いろいろな条件があるので、受け取れそうなときは窓口に問い合わせてください。

※金額は2022年度のものです。物価変動などで変わることがあります。

児童扶養手当を請求する方法

窓口	お住まいの市区町村の役所
提出するもの	請求書 ※窓口で手に入ります
必要な書類	●請求する人と対象の子どもの戸籍謄本 ●世帯全員の住民票 ●請求する人の本人名義の通帳と印鑑 ●年金手帳 ●請求する人のマイナンバーが確認できるもの ●請求する人の身元が確認できるもの　など
注意点	●市区町村によって、また、請求する理由によって必要な書類は変わります。必ず事前に確認してください
期限	期限はありませんが、早めに手続きしましょう

6-5

難しさ ★☆☆☆☆

該当する
方のみ

3年で
時効

生命保険の死亡保険金の
受け取りの手続きをする

　生命保険は、他の相続財産と違い、受取人の固有の財産という扱いになり、受取人が一人で請求できます。生命保険の手続きをするためには、亡くなった方が「生命保険に入っていたか？」「どの保険会社から入っていたか？」を特定させる必要があります。

保険証券が手元にあるとき

　生命保険を契約すると「保険証券」という契約書が発行されます。それが見つかっていれば、手続きはスムーズにできます。契約の詳細が書かれているので、**それを手元に置いて担当者やカスタマーセンターなどに連絡しましょう。**

請求する人	受取人
窓口	生命保険会社
提出する もの	**死亡保険の請求書**
必要な書類	●死亡診断書のコピー ●受取人の本人確認の書類 ※会社によって変わるので、事前に問い合わせましょう
注意点	●生命保険は「みなし相続財産」となり、相続税の対象になります。ただし、死亡保険金には、非課税の枠もあります。詳しくは、5章で解説しています　**→P132「みなし相続財産」の計算の方法**
期限	相続が開始した日の翌日から**3年以内**

保険証券がないとき

　保険証券が見つからないときは、可能性のある生命保険会社に問い合わせてみましょう。保険会社からの郵便物や通帳の引き落としの履歴から、推測ができます。

　また、一般社団法人「生命保険協会」が有料にはなりますが、調査もしてくれるサービスもあります。「生命保険契約照会制度」と言います。契約があるときは、どの会社で契約しているか教えてくれます。

契約者が亡くなり被保険者が別にいるときも手続きが必要

　一般的な死亡保険は、契約者（誰が契約したか）と被保険者（誰の体に保険をかけたか）が同じことが多いです。しかし、別のことがあります。たとえば、夫Aさんが契約者で、妻Bさんが被保険者などです。このような状況で契約者のAさんが亡くなったときは**契約者の変更が必要**になります。このときも生命保険会社に問い合わせて手続きをしてください。

iDeCo（個人型の確定拠出年金）は、公的年金（国民年金・厚生年金）とは別に給付を受けられる、私的年金制度の1つです。

iDeCoで運用したお金が受け取れる

iDeCoで積み立てていた方が、年金を受け取る前に亡くなったとき、遺族が死亡一時金として、それまで運用してきたお金を受け取れます。

運営や管理が複数の会社にまたがっているので、ひとまず、**契約をした金融機関に連絡しましょう。**

請求する人	受取人に指定されている人 ※指定がないときは、配偶者などの遺族
窓口	運営管理機関（iDeCoの運営を委託されている金融機関） ※支払いは、資産を管理している「記録関連運営管理機関」
提出するもの	●**加入者等死亡届**（運営管理機関へ） ●**死亡一時金裁定請求書**（記録関連運営管理機関へ）
必要な書類	●死亡診断書のコピー
注意点	●自動移換者（資格を失ったあと6か月間、手続きをとらずに、資産が特定運営管理機関に移換された方）が亡くなったときは、運営管理機関に死亡一時金裁定請求書を出します ●死亡一時金は「みなし相続財産」となり、相続税の対象になります。ただし、死亡退職金という扱いで、非課税の枠もあります。詳しくは、7章で解説しています ➡P132「みなし相続財産」の計算の方法
期限	亡くなった日から**5年**で時効

仕事中に亡くなったときは？

　会社員の方などが**仕事中の事故で亡くなったとき**には、いわゆる**「労災保険」の給付金を、残された家族は受け取れます。**仕事上の災害のときは**「遺族補償給付」**、通勤中の災害のときは**「遺族給付」**と言います。受け取る人の立場によって、「年金」給付になるか「一時金」になるかが変わります。

　対象になるのは**労働基準法という法律での「労働者」**です。正社員だけでなく、アルバイト社員・パート社員・派遣社員も対象になります。

「年金」が受け取れるのは、亡くなった方の収入で生計を維持されていた配偶者・子ども・父母・孫・祖父母・兄弟姉妹です。この順番で受け取る資格があり、順番が最初の人が受け取れます。配偶者以外は細かい条件があります。誰も支給の条件に当てはまらないときは、遺族に「一時金」が給付されることがあります。

　基本的には会社が手続きをするのですが、会社が何もしてくれないことが稀にあります。亡くなった方が会社員なのにこのお金が給付されていないと思ったら、まずは会社に確認してください。それでももし、会社が対応してくれないときなどは、会社の管轄地にある**労働基準監督署**に相談しましょう。

手続きする前に知っておきたいこと①

「期限」が
あります

　　大切な方が亡くなると、さまざまな手続きに忙殺される
ことになります。

　　先に「全体の流れ」をつかんでおくと、手続きが進
めやすくなり、やり忘れもなくすことができます。

　　また、「すぐにするべきこと」「すぐにしてはいけないこ
と」なども知っておくと安心です。

　　この章で、これらについてまず押えましょう。

まずは「全体の流れ」をつかもう

📅 大切な方が亡くなったあとの「流れ」と「期限」を知ろう

直後	7日以内	5〜14日以内	3か月以内

大切な方の死（相続の開始）

- 葬儀会社や寺への連絡　P15
- 死亡診断書　P18
- 死亡届　P18
- 火葬許可の申請　P21
- 世帯主の変更　P57
- 健康保険の資格の喪失　P41
- 介護保険の資格の喪失　P45
- 年金の受給の停止　P47
- 相続の限定承認
- 相続の放棄　P98
　P102

遺言書を探す　P86

遺言書あり → 遺留分の侵害額の請求は1年以内　P105

遺言書なし → 相続人を確定させる　P79 ／ 相続財産をくまなく探す　P92

「全体の流れ」を大まかに把握しましょう。とくに、期限がある手続きの中で、ご自身に該当しそうなものが何かを、早めに知ることが大切です。

　該当しそうなものが見つかったら、それが解説されているページで、詳細を確認しましょう。

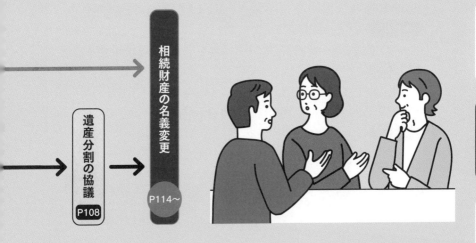

4か月以内	10か月以内	2年以内	3年以内	5年以内
青色申告の申請（1か月半〜4か月）P36　所得税の準確定申告 P34	相続税の申告と納付 P124	葬祭費・埋葬料の申請 P165	生命保険の死亡保険金の請求 P183	iDeCoの死亡一時金の請求 P185　遺族年金の請求 P170

相続財産の名義変更 P114〜

遺産分割の協議 P108

自分がやるべきことをチェックしましょう

　大切な方が亡くなったあとにしなくてはならない代表的な手続きや届出を、チェックリストにしました。あとの章も参考に、自分が何をする必要があるかをまずは把握しましょう。そして、やり終えたものをどんどん消していきましょう。

なるべく早くやること

- ☐ 死亡診断書・死体検案書を書いてもらい
  死亡届を提出する【7日以内】
  ➡P18
- ☐ 火葬許可の申請書を出して
  許可証を受け取る【7日以内】
  ➡P21
- ☐ 葬儀・納骨を手配【なるべく早く】
  ➡P23

- ☐ 健康保険の資格喪失の手続きをする【5日、14日以内】
  ➡P41
- ☐ 公的介護保険の資格喪失の手続きをする【14日以内】
  ➡P45
- ☐ 世帯主が亡くなったときは
  住民票の世帯主を変更する【14日以内】
  ➡P57

少し落ち着いたらやること

- ☐ 誰が相続人になるのかを確認する【なるべく早く】
  ➡P76
- ☐ 戸籍を集めて、正確な相続人を確定させる【死後2週間〜】
  ➡P79
- ☐ 相続財産をくまなく探す【3か月以内】
  ➡P92
- ☐ 遺言書がないか、くまなく探す【なるべく早く】
  ➡P86

- ☐ 相続の手続きに必要となる
  証明書や書類を早めに準備する【なるべく早く】
  ➡P28
- ☐ 亡くなったことを金融機関に連絡し相続の手続きに
  必要な書類を確認する【適切なタイミングで】
  ➡P31
- ☐ 運転免許証・パスポートの返納、
  クレジットカードの解約をする【なるべく早く】
  ➡P52
- ☐ 公共料金などの変更・解約の手続きをする【なるべく早く】
  ➡P61
- ☐ 電話などの変更・解約の手続きをする【なるべく早く】
  ➡P62
- ☐ 葬祭費・埋葬料の支給を申請する【2年で時効】
  ➡P165

亡くした直後

資格喪失

変更

相続

税金

支給申請

期限

頼れるプロ

必要に応じてやること

■役所関係の手続き

☐ 高額療養費がある方は請求する【2年で時効】
　→P168

☐ 児童扶養手当が受け取れないか確認する【なるべく早く】
　→P181

☐ 結婚前の名字に戻したいときは
　復氏届を出す【期限なし】
　→P63

☐ お墓を移したい（改葬）ときは、
　改葬許可の申請書を出す【期限なし】
　→P67

■年金関係の手続き

☐ 亡くなった方が年金を受け取っていたときは
　受給の停止の手続きをする【10日、14日以内】
　→P47

☐ 遺族年金を請求する【5年で時効】
　→P170

■死亡保険金などの手続き

☐ 生命保険の死亡保険金の
　受け取りの手続きをする【3年で時効】
　→P183

☐ iDeCoに加入していたら、死亡一時金の
　受け取りの手続きをする【5年で時効】
　→P185

■相続の手続き

☐ 遺言書が見つかったら「検認」が必要か確認する**【なるべく早く】**
　➡P89

☐ 借金が多くて相続したくないときは
　「3か月」以内に相続の「放棄」をする**【3か月以内】**
　➡P98

☐ 遺言で財産の取り分が少なすぎるときは
　「遺留分の侵害額の請求」を検討する**【1年以内】**
　➡P105

■名義変更などの手続き

☐ 銀行など、金融機関での相続の手続きをする**【すみやかに】**
　➡P114

☐ 株式などがある場合の相続の手続き**【すみやかに】**
　➡P115

☐ 自動車がある場合の相続の手続き**【すみやかに】**
　➡P116

☐ 不動産がある場合の相続の手続き**【すみやかに】**
　➡P118

☐ ゴルフ会員権など、その他の相続財産がある場合の
　相続の手続き**【すみやかに】**
　➡P120

■税金の手続き

☐ 亡くなった方に収入があったときは
　所得税の準確定申告をする**【4か月以内】**
　➡P34

☐ 亡くなった方の事業を引き継ぐときは
　青色申告の承認申請書を出す**【1か月半〜4か月以内】**
　➡P36

☐ 相続税の申告と納税をする**【10か月以内】**
　➡P124

すぐにしては「いけない」ことも知っておく

　大切な方が亡くなったあとは、気持ちが落ち込み、適切な行動ができなくなることがあります。慌てて動いてしまったがために、あとで困ることもあります。

　詳しくは、あとの章でも解説していますが、ついやりがちなすぐにしては「いけない」ことを最初にお伝えします。

📅 金融機関に、亡くなったことをすぐに連絡してはいけない

　大切な方が亡くなったとき、その方の口座がある銀行などの金融機関に、亡くなったことを**すぐに知らせる必要はありません。**

　金融機関は、口座の名義人が亡くなったことを知ると、相続のトラブルにならないように、**口座の凍結**をしてしまいます。

　すぐにやるべき手続きを終えて、落ち着いてから連絡しましょう。

➡P31 亡くなったことを金融機関に連絡

📅 預貯金を慌てて引き出してはいけない

　金融機関にすぐに連絡するのもよくありませんが、残された方が、亡くなった方の預貯金をすぐに引き出すのもやめましょう。

　借金が多いことなどがあとからわかったときなどに、相続の放棄や限定承認などを選ぶことがあります。しかし、**預貯金を引き出すと放棄などができなくなることもあります。**

　また、放棄などがないとしても、勝手に預貯金を引き出すと、着服などを疑われることがあります。くれぐれも注意してください。

➡P98 相続の放棄

📅 遺言書が見つかってもすぐに開けてはいけない

もしも遺言書の原本が出てきたとしても、すぐに開けてはいけません。開けるときは、**家庭裁判所での検認の手続きが必要**です。勝手に開けると、過料が課される可能性があります。注意してください。

→P89 遺言書の検認

📅 携帯電話を慌てて解約してはいけない

亡くなった方の携帯電話は、使わなくても、すぐに解約しないようにしましょう。亡くなったことを人づてで聞き、携帯電話に連絡が来ることがあります。利用料はかかってしまいますが、解約は葬儀などが落ち着いてからにしましょう。

→P62 電話などの変更・解約の手続き

「自分でできること」と 「プロに頼めること」を知ろう

　付録「手続きする前に知っておきたいこと①」を読んでもわかるように、相続には多くの手続きがあります。さらに、期限があるものもたくさんあります。期限内に手続きしないと、過料が科されることもあります。「自分でできること」と「専門家を頼ったほうがいいこと」を見極めて、スムーズに進めるようにしましょう。

📅 手続きの「難しさ」「期限」設定を参考に、一人でできるか判断しよう

「自分でできること」と「専門家を頼ったほうがいいこと」を見極めると言っても、経験がないとそれ自体ができません。
　そこで、本書では1章〜6章に、相続の専門家の声も聞きながら、**手続きの「難しさ」を独自に5段階で設定**し、**期限**とともに各見出しに入れました。

　これによって、自分でやれそうか、専門家を頼ったほうがいいのかの判断がしやすくなります。ぜひ参考にしてください。
　ただし、一般的な状況を想定して設定しているので、置かれている状況によっては「難しさ」が大きく変わることがあります。

📅 困ったときに「誰を頼ったらいいのか」を確認しよう

相続の手続きは多岐に渡ります。サポートできる専門家も「弁護士」「税理士」「行政書士」「司法書士」などと、たくさんいます。複数の専門家が相談に乗れるものと、相談に乗れる専門家が法律で決まっているものがあります。

そこで本書では、付録「手続きする前に知っておきたいこと②」を中心に、**どの悩みに対して、どの専門家が相談に乗れるのかを明示**しました。

戸籍を確認していく中で、**想定していなかった相続人**が見つかるかもしれません。遺言がないときは、**その方を外して手続きを進めることは基本的にできません。**手紙を送ったり、電話をしたり会ったりして、状況を説明する必要があります。

お金が絡むとトラブルになりやすいです。そんなときは、**相続に詳しい「弁護士」に早めに相談**することをオススメします。

→P205 弁護士に頼れること

付録「手続きする前に知っておきたいこと②」で、専門家ごとに「何を頼れるのか」などを詳しく解説しています。そして、付録「手続きする前に知っておきたいこと②」と1～6章の関連するページとをつなげています。誰に相談すればいいのかの参考にしてください。

全部を自分でやろうとしないことも大切

相続は、ときに「争続（そうぞく／あらそうぞく）」と書かれます。とても揉めやすく、相続争いになりやすいのです。その理由と、専門家に頼るメリットを解説します。

📅 相続はなぜ「争続」になりやすいのか

争いになってしまう理由はたくさんありますが、一番は**「亡くなった方の意思は尊重されるべきだが、残された相続人の話し合いで決まるのなら、財産をどのように分けても構わない」**とする、相続のルールにあるようです。それによって、相続に関わる人それぞれの、感情や事情が複雑に絡み合うのです。

➡P108 財産の分け方を決める

📅 法定相続分という目安があっても争いになりかねない

相続には「法定相続分」という、財産を分ける目安が法律で定められています。しかし、**法定相続分で分けようとしても、納得できない方がいれば、争いになりかねない**のです。

➡P78 法定相続分

たとえば、亡くなった方を最期までお世話していた方もいれば、全くしなかった方もいるかもしれません。生前に多くの贈与を受け取った方もいれば、全くもらっていない方もいると思います。亡くなった方の寵愛を受けていた方もいれば、そうでない方もいます。大切な方が亡くなったショックとそれらの事情が絡み合い、これまで我慢してきた不満や怒りなどが引き出されてしまうのです。

　つまり、**相続は、財産を平等に分けても、差をつけて分けても、争いになる可能性があります。**そしてこの**争いは、財産の多い・少ないに関係なく、起こる可能性がある**のです。もし、表面的には争わなかったとしても、感情をグッと押し殺して、我慢している人もいるかもしれません。

「うちは財産がないから大丈夫」と安心しないようにしてください。

📅 一人で抱え込まないようにしよう

　このように、相続は感情が激しく揺れやすいのです。そのような状態で、たくさんの手続きをする必要があり、期限のあるものも複数あります。

　だから、**相続の手続きは、全部を一人でやろうとせず、頼れるところは専門家を頼ることも大事**です。次の付録「手続きする前に知っておきたいこと②」を読んで、どの専門家に何を頼れるのかを知っておきましょう。頼れる先があると知るだけで、心が軽くなると思います。

➡P201《付録》手続きする前に知っておきたいこと②「頼れるプロ」がいます

相続を「争続」に しないために大切なこと

「相続は争いになりやすい」と前の項で書きました。では、どうしたらいいのでしょうか？　ここでは、その対策として、大切なことを4つ紹介します。

1つめは**「財産が少ないから大丈夫」と安心しない**ことです。財産が多くても少なくても、揉めるのは分け方です。相続争いの調停・審判の実に33％が、遺産が1,000万円以下の遺族なのです（2021年度の司法統計より）。

2つめは、1と少し似ていますが、**「家族の仲がいいから大丈夫」と安心しない**ことです。不仲な家は、揉めるのを前提に生前から対策をしているかもしれません。しかし、仲がいい家族はそういう準備をしていないことも多く、相続をきっかけに不満などが噴き出し、不仲になってしまうこともあるのです。

3つめは、**手続きのストレスを減らす**ことです。相続の手続きは半年、1年とかかることも珍しくありません。忙しい中で不慣れなことをし続けるのは、大きなストレスがかかります。この本を参考に、少しでも手続きのストレスを減らしましょう。

最後に4つめは、**揉める前に、早めに専門家を頼る**ことです。早く手を打てば、争う前に収めることができるかもしれません。そして、相続の専門家は、その打ち手をたくさん知っています。**付録②**を参考に、誰に何を頼れるかをつかんでおきましょう。

手続きする前に知っておきたいこと②

「頼れるプロ」が
います

　この章では、相続の「どんな相談」を「誰に」したらいいのかについて、解説します。

　相続で一番多く聞かれる悩みは「誰に何を相談したらいいかわからない」です。しかし、それは仕方ないのです。なぜなら、相続の「すべて」の専門家がいないからです。相談に乗ることができる分野が、法律で細かく分かれてしまっています。

　だから、どの専門家がどんな相談に乗ってくれるのかを、まずは大まかに押さえることが大切です。そして、ご自身に関係のある専門家が誰かを確認してください。期限がある手続きも多いので、専門家がわかったら、早めに相談しましょう。

どのプロに、何を頼れるのかを
最初に確認しよう

相続には、こんなにも「頼れるプロ」がいる

■相続で最初に頼るといいプロ
❶弁護士
❷税理士
❸司法書士
❹行政書士

■他にもいる、頼れるプロ
❺社会保険労務士
❻役所や家庭裁判所などの窓口
❼葬儀会社
❽保険会社の担当者

相談の内容で、頼れるプロは決まってくる

「相続」で悩んだら、だれに相談したらいいのでしょうか？　パッと思いつく専門家はいますか？

一般的には「弁護士」か「税理士」を思い浮かべる方が多いと思います。

しかし実は、**相談の内容によって、お願いできる専門家は法律で決まっていることが多い**です。このガイダンスでは、それぞれの専門家の仕事を大まかに説明します。そして、最初に誰を頼ったらいいのかもお伝えします。そして、次の項から、専門家ごとに詳しく解説していきますので、ご自身に必要そうな項を詳しく読んでください。

👤 最初に頼るべきプロがわかるチャート

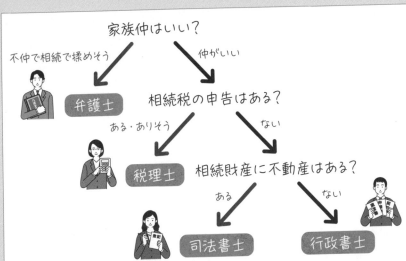

家族仲はいい？

不仲で相続で揉めそう　／　仲がいい

弁護士

相続税の申告はある？

ある・ありそう　／　ない

税理士

相続財産に不動産はある？

ある　／　ない

司法書士　　**行政書士**

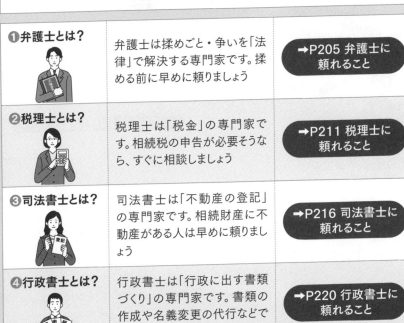

❶弁護士とは？	弁護士は揉めごと・争いを「法律」で解決する専門家です。揉める前に早めに頼りましょう	➡P205 弁護士に頼れること
❷税理士とは？	税理士は「税金」の専門家です。相続税の申告が必要そうなら、すぐに相談しましょう	➡P211 税理士に頼れること
❸司法書士とは？	司法書士は「不動産の登記」の専門家です。相続財産に不動産がある人は早めに頼りましょう	➡P216 司法書士に頼れること
❹行政書士とは？	行政書士は「行政に出す書類づくり」の専門家です。書類の作成や名義変更の代行などで頼りましょう	➡P220 行政書士に頼れること

他にも「頼れるプロ」がいる

　先に紹介した４つの専門家は、相続の相談の「最初」に頼ることをオススメするプロたちです。実は、相続で頼れるプロは他にもいます。ここで紹介します。

❺社会保険労務士	社会保険労務士は「社会保険」の手続きの専門家です。遺族年金の相談などで頼りましょう ➡P225 社労士に頼れること
❻役所や家庭裁判所などの窓口	手続きの「やり方」の相談は、役所や家庭裁判所などの窓口も頼りになります ➡P227 窓口に頼れること
❼葬儀会社	亡くなった直後のさまざまな手続きの相談は、葬儀会社が頼りになります ➡P230 葬儀会社に頼れること
❽生命保険会社の担当者	亡くなった方の「死亡保険金」の相談は、生命保険会社の担当者が頼りになります ➡P233 生命保険会社に頼れること

弁護士：揉めごとを「法律」で解決するプロ 揉める前に早めに頼ろう

弁護士には、どんなときに何を頼ればいいのでしょうか？

弁護士に頼るといい相談内容や相談のときの注意点、費用などを説明します。

弁護士は、揉めごと・争いを「法律」で解決する唯一の専門家

弁護士は、さまざまな「揉めごと・争い」を、「法律」にもとづいて解決する専門家です。**相続でも「揉めごと・争い」がある相談に乗れるのは「弁護士だけ」**です。まずはここを覚えてください。

弁護士への相談の内容で多いのが、実は「相続」です。相談をよく受けるので、相続の知識に詳しい弁護士は多いです。ただし、相続に詳しくない弁護士もいます。だから、依頼するときは、ウェブサイトなどに相続の相談に乗れることが書かれているかなどをチェックしてください。そして、相続に詳しい弁護士を頼るようにしましょう。

「どのくらい」の揉めごと・争いから、弁護士に頼ればいい?

相続でどのくらい「揉めごと・争い」になったら、弁護士に頼るといいのでしょうか？ 「揉めている」と感じる基準は人それぞれです。

1つの目安として**「もう直接、話し合いをしたくない」**と思うほど、**話し合いが大変になったとき、**弁護士に頼ることをオススメします。このとき、**弁護士を頼れば、交渉の代理人になってくれます。**相続財産を分ける交渉の代理ができるのは弁護士だけです。

　ほとんどの方は、本格的に揉めてから相談してしまいますが、「もう話し合いたくない」「これ以上話すと、激しく揉めそうだ」と感じたら、早めに弁護士を頼りましょう。初回は無料で、そのあとも1回1万円程度で相談に乗ってくれる事務所もたくさんあります。気軽に相談してみることをオススメします。

👤 相続で、弁護士を頼るときの注意点

　弁護士に早めに頼ったほうがいいと書きましたが、1つ注意点があります。それは、**弁護士は「公平・中立な立場には立てない」**ということです。たとえば、あなたが「家族で争いになっているので、公平・中立的な立場で話し合いをまとめてほしい」と弁護士にお願いしても、弁護士はできないのです。

　それは、弁護士法という法律に**「対立している複数の当事者の代理をしてはいけない」**という禁止ルールがあるからです。だから、あなたが弁護士に代理人を依頼すると、相手も弁護士を代理人に立てる可能性が高まります。弁護士を代理人に立てることで「揉めごと・争い」がより悪化することもあります。

　弁護士に気軽に相談して、法律的な正しい知識は早めに得てほしいですが、**弁護士を代理人に立てるかは、弁護士と相談して慎重に考える**必要があります。

👤 弁護士を頼るといい、相続の相談はこれ!

相続で、どんな内容を弁護士に相談すればいいのでしょうか?
以下、具体的に紹介します。

◉「遺産を分ける」ときの揉めごとの法律アドバイス(➡P108)
◉「遺産を分ける」話し合いの代理(➡P108)
◉「相続の放棄」をするかの相談(➡P98)
◉「寄与分」や「特別受益」の相談(➡P110)
◉「遺産を分ける」調停を検討する相談(➡P112)
◉調停のときの「家庭裁判所」での代理(➡P112)
◉「遺留分」の請求などの相談(➡P105)
◉想定していない「相続人」が見つかったときの相談(➡P85)
◉スマホやパソコンのデータなど、法律的な扱いがはっきりしない 相続財産の調査や相談(➡P94)
◉「遺言書」を作るときや扱い方の法律アドバイス(➡P86)
◉遺言書の「検認」の手続きの相談(➡P89)

👤 「弁護士」にしかできないこと、弁護士でなくても乗れる相談

法律の相談「全般」に乗れるのは弁護士だけです。特に**「揉めごと・争い」がある相談に乗れるのは弁護士**だけです。ただし、実際の手続きは、行政書士、司法書士のほうが慣れていることが多いです。頼るプロを上手に使い分けましょう。

➡P216 司法書士に頼れること
➡P220 行政書士に頼れること

頼れる弁護士を探すには、どうすればいい?

　相続に詳しい、信頼できる弁護士の知り合いがいる方はあまりいないかもしれません。この項では、弁護士の探し方を紹介します。

信頼できる人からの紹介	この方法が一番、確実です。親戚やお友達で、相続が最近あった方や、人脈が広い人などに「相続に詳しい弁護士を知らないか?」と聞いてみましょう。
本の著者に連絡する	書店に行くと、相続の本がたくさん出ています。弁護士が著者や監修者になっている本を読んでみて、合いそうな先生に問い合わせるという方法もあります。
インターネットで検索する	「弁護士　相続　地域名」などで検索してみましょう。お住いの地域で、よい弁護士が見つかるかもしれません。 ※弁護士を紹介する総合サイトよりは、事務所に直接、連絡することをオススメします。
市役所・区役所の無料相談窓口	無料で30分程度、弁護士に相談ができる窓口を設けているところが多いです。お住まいの地域の役所に、相談窓口があるか確認してみましょう。 ※ただし、相続に詳しいとは限らないので注意しましょう。
法テラス（日本司法支援センター）	国が設立した機関です。加入している弁護士の無料相談が受けられます。 ただ、相談するには、収入や資産が一定以下などの条件を満たす必要があります。手続きの開始まで時間がかかるので、相続の手続きの期日に余裕があるときに検討しましょう。
非営利の弁護士紹介団体	市民が弁護士に気軽に相談できるように、弁護士を紹介してくれる非営利団体もあります。たとえば「相続・遺言リーガルネットワーク」などがあります。

👤 弁護士の費用の目安は?

　以前は、日本弁護士連合会（通称「日弁連」）という、弁護士が必ず入らなければならない団体が、費用の基準を定めていました。どの弁護士に相談しても、同じ仕事なら、かかるお金は同じだったのです。しかし2004年にその基準はなくなり、**今は、それぞれの弁護士が自由に価格を決めています。**つまり、**相場や基準がないの**です。

　ただ、そうは言っても、そのときの基準と同じか、参考にしているところも多いので、かかるお金の参考になります。次のページに、その基準を載せておきます。

■（旧）日本弁護士連合会報酬等基準

https://www.miyaben.jp/wordpress/wp-content/themes/
miyaben/img/indication/expenses_kijun.pdf

弁護士に払うお金は「相談料」「着手金」「報酬金」の３つに大きく分かれます。

相談料	旧基準だと、初回は1時間1〜2万円です。今は、初回は無料にしている弁護士も増えてきました。つまり、相談しやすくなってきたと言えます。その後の**個別相談は、1回30分5,000円〜1万円のところが多いです**。
着手金	仕事を依頼するときに、結果に関わらず払うお金です。事務所によって金額や算出の方法は変わりますが、**依頼者がほしい相続財産の総額などを元に、一定の割合をかけた金額**とすることが多いです。目安は、上で紹介した(旧)日弁連の報酬基準【民事事件】などを参照ください。
報酬金	**回収できたり、経済的に得をすることができたりしたときに、その何％**というところが多いです。他に、かかった経費なども払います。

　ただし、相談内容や事務所によって、かかるお金は変わります。頼りたい弁護士を見つけたら、見積もりを早めにお願いしましょう。頼れる弁護士は、わかりやすく誠実に価格を示してくれます。
　また、**依頼者が求める結果を金額に換算するには、相続財産の価格やどのような点に争いがあるのかといった情報も必要**になります。これらも弁護士に伝えてください。

税理士：相続税などの「税金」のプロ
申告が必要そうなら、すぐに相談しよう

税理士には、どんなときに何を頼ればいいのでしょうか？
　税理士に頼るといい相談内容や相談のときの注意点、費用などを説明します。

👤 税理士は「税金」の相談や申告の代わりをしてくれる専門家

　複雑な「税金」の仕組みを具体的に教えてくれたり、代わりに税金の申告をしたりしてくれる専門家です。税金の一般論の解説は他の職業でもできますが、**個別の具体的な税金の相談に乗れるのは税理士だけ**です。それは相続の相談でも同じです。

　税理士の主な仕事は、**税金の相談、税金の申告書づくりや申告の代行、税務調査の立ち会い**などです。5章を読んで、相続税がかかりそうだと思ったら、税理士に早めに相談しましょう。

➡P123《5章》「税金」の手続き

👤 相続で、税理士に頼るときの注意点

　実は、相続に詳しい税理士は少ないです。この事実は知っておいてください。なぜかというと、ほとんどの税理士のメインの仕事は、企業の「法人税」などの申告や、個人事業主の「所得税」などのサポートだからです。

これらの仕事と「相続税」の仕事は全くの別物です。お医者さんでたとえるなら「風邪のときに診てもらう内科」と「手術をしてもらう外科」ほどの違いがあります。だから、毎月や毎年、法人税や所得税の申告でお世話になっている税理士に、相続のときにも相談するのはオススメしません。

税理士が相続に詳しいかどうかは、ウェブサイトに相続についてしっかり解説しているかをチェックすると、ある程度わかります。**相続の相談は、相続に詳しい税理士に頼りましょう。**

相続に詳しい税理士はここが違う

相続に詳しくない税理士でも、相続税の申告はできてしまいます。その場合は、残念ながら何の工夫もしてくれません。

しかし、**相続税は、財産をどう分けるかで金額が大きく変わります**（5章で詳しく解説しています）。だから、**相続に詳しい税理士は「財産をどう分けると、相続税がいくらになるか」などのアドバイス**もしてくれます。さらに、それを叩き台にして、相続人の人間関係や気持ちなどにも配慮した提案やアドバイスまでしてくれたら素晴らしい税理士です。

👤 税理士を頼るといい、相続の相談はこれ!

相続で、どんな内容を税理士に相談すればいいのでしょうか?
以下、具体的に紹介します。

◎「相続税」の申告が必要になりそうかの相談
◎相続財産をどう分けると「相続税」がいくらになるかの相談
◎「相続税」の申告の代行
◎税金面からの「2次相続」を含めた対策の相談

➡P123《5章》「税金」の手続き

👤 税理士にしかできないこと、弁護士に頼ったほうがいいこと

税理士ができるのは、税金についてのアドバイス、税金の計算や申告の代わりをすることです。相続財産をどう分けると、相続税がいくらになるかのアドバイスできます。ただし、分けるときの相続人同士の揉めごとの相談には乗ることができません。**揉めそうだと感じたら、税理士ではなく弁護士に相談**しましょう。

👤 頼れる税理士を探すには、どうすればいい?

　相続に詳しい税理士はあまり多くいないからこそ、**相続に詳しい少数の税理士はそれを売りにしています。**この項では、そんな税理士の探し方を紹介します。

信頼できる人からの紹介 	やはりこの方法が一番、確実です。親戚やお友達で、相続が最近あった方や、人脈が広い人などに「相続に詳しい税理士を知らないか?」と聞いてみましょう。
本の著者に連絡する 	書店に行くと、税理士が出している相続の本がたくさん出ています。読んでみて、合いそうな先生に問い合わせるという方法もあります。
インターネットで検索する 	「税理士　相続　地域名」などで検索してみましょう。そうすると、たくさんの税理士事務所のウェブサイトが見つかります。その中でも、かかる費用が明記されている事務所は誠実だと言えます。初回は無料で相談に乗ってくれるところも多くあります。気軽に問い合わせてみて、誠実に対応してくれるところを探しましょう。

👤 税理士の費用の目安は?

税理士に相談するときの費用は**「基本報酬」**と**「加算報酬」**に分かれることが多いです。基本報酬は、必ずかかるお金、加算報酬は、手続きの準備や作業が大変なときにかかる追加のお金だと思ってください。

基本報酬	相場があります。それは**相続財産の0.5〜1%**です。つまり、相続財産が5,000万円だったら、かかる費用は25〜50万円です。専門家の価格は「安いからいい」「高いから悪い」とは単純には言えませんが、最初は相場に収まっているところに相談するといいでしょう。
加算報酬	**どんなときに「加算報酬」になるかは、税理士や事務所によって、考え方や価格が少しずつ異なります。**ウェブサイトを見たり、見積もりを取ったりして、費用をわかりやすく提示してくれる税理士を見つけましょう。

税理士は、相続税の申告の手続きをすることで、報酬を得ています。そこで、**最初の相談は無料にしているところが多い**です。まずは気軽に相談してみましょう。そして、相続に詳しい人なのか、わかりやすく誠実に対応してくれる人なのかを確認しましょう。

司法書士：「不動産の登記」のプロ 相続財産に不動産がある人は早めに頼ろう

司法書士には、どんなときに何を頼ればいいのでしょうか？

司法書士に頼るといい相談内容や相談のときの注意点、費用などを説明します。

👤 司法書士は、相続では不動産「登記」の専門家

司法書士は、裁判所や法務局に出す書類を代わりに作ったり、土地の売り買いや会社の設立などの手続きを代わりにしたりする、**身近な法律の専門家**です。**相続では「登記」のプロ**だと覚えましょう。登記とは「これは私のものです」と権利を主張できるよう、法務局に登録・記録することです。相続では、不動産の名義変更（登記）の際に特に頼りになります。

👤 相続の財産に「不動産」がある人は最初に頼ろう

相続の財産に「不動産」があるときは、司法書士に最初に頼ることをオススメします。司法書士は、相続財産の不動産の名義変更をお願いすると、不動産の相続に伴う登記手続についての遺産分割の協議書の作成や、戸籍などの書類を取る代行もお願いできます。そこで、最初に頼ると、効率よく書類を集めたり、法律的に間違いのない書類を作れたりします。

　特に、相続の放棄には「3か月」という、とても早い期限があります。**相続財産に不動産があって相続の放棄を検討する方は、司法書士を頼って手続きを進めるとスムーズ**かもしれません。

➡P98 相続の放棄

👤 司法書士のほうが得意なこと、弁護士にしかできないこと

　司法書士も弁護士も「法律」の専門家ですが、「揉めごと・争い」の法律相談は弁護士しか乗ることができません。**司法書士に頼れるのは、揉めていないときの手続きの相談や書類づくりの相談**です。

　司法書士は普段から相続の手続きをたくさんしている人が多いです。だから**手続きの相談は弁護士より司法書士に頼る**ことをオススメします。

👤 司法書士に頼るといい、相続の相談はこれ!

　相続で、どんな内容を司法書士に相談すればいいのでしょうか？以下、具体的に紹介します。

◉相続する「不動産の名義変更（登記）」の相談、代行（➡P118）
　※これを依頼したときは、不動産の相続を含む遺産分割の協議書の作成や、戸籍などの書類を取る代行も依頼できます

◉遺言書の「検認」の手続きの相談（➡P89）

◉その他、いろいろな「名義変更」の相談、代行

◉相続手続きの「書類づくり」の相談

◉法定相続情報の一覧図の作成（➡P30）

👤 頼れる司法書士を探すには、どうすればいい?

　相続に詳しい、信頼できる司法書士の知り合いがいる方はあまりいないかもしれません。この項では、司法書士の探し方を紹介します。

信頼できる人からの紹介 	この方法が一番、確実です。親戚やお友達で、相続が最近あった方や、人脈が広い人などに「相続に詳しい司法書士を知らないか?」と聞いてみましょう。
本の著者に連絡する 	書店に行くと、相続の本がたくさん出ています。司法書士が著者や監修者になっている本を読んでみて、合いそうな先生に問い合わせるという方法もあります。
インターネットで検索する 	「司法書士　相続　地域名」などで検索してみましょう。お住いの地域で、よい司法書士が見つかるかもしれません。そこまで多くいませんが、相続対策に力を入れている司法書士もいます。
市役所・区役所の無料相談窓口	弁護士だけでなく、司法書士に相談できる窓口を設けているところもあります。お住まいの地域の役所に、相談窓口で司法書士に相談できるかを確認してみましょう。 ※ただし、相続に詳しいとは限らないので注意しましょう。
法テラス（日本司法支援センター）	国が設立した機関です。弁護士だけでなく、司法書士の無料相談も受けられます。 ただ、相談するには、収入や資産が一定以下などの条件を満たす必要があります。手続きの開始まで時間がかかるので、相続の手続きの期日に余裕があるときに検討しましょう。

👤 司法書士の費用の目安は?

　司法書士への費用は、何をしてもらうのかによって、大きく変わります。以下では、司法書士に一番頼りそうな「不動産の名義変更」と「その他の名義変更」の相場を紹介します。

　初回の相談や見積もりは、無料でしてくれるところが多いです。気軽に相談して、費用を聞いてみましょう。そして、誠実に対応してくれそうかを確かめましょう。

不動産の 名義変更の 手続き	**5万円～20万円**が目安です。(不動産の数や評価額にもよります。遺産分割協議書の作成などを含むかどうかで金額に幅が出ます) ※これとは別に、登録免許税、登記事項証明書などを取る費用や郵送費用などの実費もかかります。
その他の 名義変更の 手続き	たとえば、銀行口座1件につき〇万円と定めているところや、相続財産の総額に応じて、25万円～などといった報酬体系のところがあります。(※)

※不動産以外の名義変更の手続きは、司法書士・行政書士・弁護士に相談できます。費用は、一般的には弁護士が高く、司法書士と行政書士のほうが安いです。

行政書士には、どんなときに何を頼ればいいのでしょうか？
行政書士に頼るといい相談内容や相談のときの注意点、費用などを説明します。

👤 行政書士は「行政と市民をつなぐパイプ役」

　行政書士は、国や地方の役所に出す書類を代わりに作ってくれたり、それらについてアドバイスをしてくれたりする、手続きの専門家です。「行政と市民をつなぐパイプ役」とも言えます。この説明でもわかるように、行政書士は相続の仕事ばかりしているわけではありません。**相続の相談は、相続に詳しい行政書士を頼りましょう。**

　相続では、遺言書づくりの代理やアドバイス、不動産以外の名義変更の代行などで特に頼りになります。最近は、生前の相続対策に力を入れている行政書士も増えています。このような行政書士は、相続が起きたあとのことも詳しいです。そういう行政書士を見つけて、頼りましょう。

👤 行政書士が得意なこと、できないこと

　相続に詳しい行政書士は、揉めていなければ、税金の申告と不動産の登記以外は、相続のほとんどの相談で頼りになります（揉めて

いたら弁護士、税金の申告は税理士、不動産の登記は司法書士、遺言書の検認の相談は弁護士・司法書士を頼りましょう）。

　相続にまつわる名義変更の代行は、行政書士・司法書士・弁護士ができます。一般的には、弁護士よりも、行政書士・司法書士の方が、手続きのサポートは得意です。

　自動車の名義変更の代行は、司法書士はすることができず、**行政書士**ならできます（逆に、**不動産の名義変更は司法書士**しかできません）。だから、相続財産に自動車があるとき、または財産に不動産がないときは、行政書士に頼ることをオススメします。

※ただ、相続に詳しい行政書士や司法書士は、お互いに提携していることがほとんどです。だから、どちらに頼んでも、パートナーを紹介してくれることが多いので安心してください。

👤 行政書士に頼るといい、相続の相談はこれ!

　相続で、どんな内容を行政書士に相談すればいいのでしょうか？以下、具体的に紹介します。

◉「自動車の名義変更」の代行（➡P116）
◉その他、不動産以外の「名義変更」の相談、代行
◉「遺言書」の案づくりや作成のアドバイス（➡P86）
◉「遺産分割の協議書」づくりや作成のアドバイス（➡P108）
◉「相続人の調査」や「相続財産の調査」（➡P76、92）
◉その他、相続手続きの「書類づくり」の相談
◉法定相続情報の一覧図の作成（➡P30）

👤 頼れる行政書士を探すには、どうすればいい?

- -

　相続に詳しい、信頼できる行政書士の知り合いがいる方はあまりいないかもしれません。この項では、行政書士の探し方を紹介します。

信頼できる人からの紹介 	やはりこの方法が一番、確実です。親戚やお友達で、相続が最近あった方や、人脈が広い人などに「相続に詳しい行政書士を知らないか?」と聞いてみましょう。
本の著者に連絡する 	書店に行くと、相続の本がたくさん出ています。行政書士が著者や協力者になっている本を読んでみて、合いそうな先生に問い合わせるという方法もあります。
インターネットで検索する 	「行政書士　相続　地域名」などで検索してみましょう。お住いの地域で、よい行政書士が見つかるかもしれません。そこまで多くありませんが、相続対策に力を入れている行政書士もいます。

👤 行政書士の費用の目安は?

　行政書士への費用は、何をしてもらうのかによって、大きく変わります。**相続に詳しい行政書士は、税金の申告と不動産の登記以外は、ほぼすべての相談で頼りになります。**

　相談に乗れる分野が広すぎて、費用の目安を特に出しにくいのが行政書士です。ただ、日本行政書士会連合会が5年に一度、全国的な価格の調査をしているので、その平均の金額を目安として紹介します（2020年の調査より）。

自動車の名義変更の代行	平均4,641円〜5,838円 （抹消するのか変更するのか、などにより変わる）
遺言書の案づくりや 作成のアドバイス	平均6万8,727円 （一番多いのは5万円）
遺産分割の協議書づくりや 作成のアドバイス	平均6万8,325円 （一番多いのは5万円）
相続人の調査や 相続財産の調査	平均6万3,747円 （一番多いのは5万円）

　他にも、**相続に詳しい行政書士は、「相続パック」のような形で、20〜50万円で、総合的にサポートしている人もいます。**初回の相談や見積もりは無料で行ってくれるところが多いです。

　プロの仕事は「高いから悪い」「安いからいい」とは一概には言えません。気軽に問い合わせて、サポート内容と費用を確認してみましょう。そして、プロとして誠実に対応してくれそうかを確かめましょう。

最初に頼るべきプロは誰？

　ここまでの内容を、表にまとめました。

　頼るべきプロが法律で１つの職業に決まっている相談と、複数のプロに頼ることができる相談があります。どのプロに頼ればいいかの参考にしてください。

※記号は以下の意味でつけています

　◎まさに専門　△あまり得意ではないことが多い

相談の内容	弁護士	税理士	司法書士	行政書士
揉めごとの法律アドバイス	◎			
遺産を分ける話し合いの代理	◎			
相続財産の分け方の相談	◎			
相続税の申告の相談		◎		
相続財産の不動産の名義変更の相談	△		◎	
相続財産の自動車の名義変更の相談	△			◎
銀行口座などの名義変更の相談	△		◎	◎
相続手続きの書類づくりの相談	◎		◎	◎
遺言書の相談	◎		◎	◎
遺言書の検認の手続きの相談	◎		◎	

　頼れるプロは他にもいます。次の項から他のプロを見ていきましょう。

社労士：「社会保険」の手続きのプロ
遺族年金の相談などで頼ろう

社会保険労務士には、どんなときに何を頼ればいいのでしょうか？
社会保険労務士に頼るといい相談内容などを説明します。

社会保険労務士は、相続では「社会保険」の専門家

社会保険労務士、いわゆる「社労士」は、社会保険と労働関係の法律の専門家です。社会保険というのは、公的な「年金保険」「医療保険」「介護保険」などを指します。

相続では「公的年金」のプロだと覚えましょう。亡くなった方がまだ受けとっていない年金を受けとる相談や、残された家族が受けとる「遺族年金」の相談で、特に頼りになります。

社会保険労務士に頼るといい、相続の相談はこれ!

◉亡くなった方がまだ受けとっていない年金を受けとる相談（→P47）

◉残された家族が受けとる「遺族年金」の相談（→P170）

ねんきんダイヤルでも、手続きについては無料で教えてもらえます。

→P228 ねんきんダイヤル

頼れる社会保険労務士を探すには、どうしたらいい?

　社会保険労務士は、普段は企業向けの仕事をしている人が多いです。実は、個人の方の相続の相談を専門にしている人はほとんどいません。**相談したいときは、インターネットで「相続　社会保険労務士」と検索**してみましょう。「弁護士」「税理士」「司法書士」「行政書士」などのビジネスパートナーとして提携していることもあります。

手続きの「やり方」の相談は、役所や家庭裁判所などの窓口も頼りになる

窓　口

相続の手続きのやり方を相談したいときは、市区町村の役所や家庭裁判所の窓口などを頼るという手もあります。どこに何を相談できるかを解説します。

👤 必要な書類の確認を「役所」に事前に確認しよう

　相続の手続きに必要な書類がたくさんあります。その書類を出す窓口が、市区町村の役所であることが多いです。その場合、**必要な書類や様式（フォーマット）が、各役所に委ねられていて、統一されていない**ことがあります。窓口でしか対応していないところ、郵送でも対応するところ、ウェブサイトでも対応しているところなど、対応の手段もバラバラです。

　市区町村の役所に限りませんが、**どんな書類が必要になるのか、郵送などでも対応してもらえるのかなどを、事前に電話で確認**する習慣をつけることをオススメします。また、書類の書き方などでわからないことがあれば、それも気軽に電話で聞いてみましょう。ていねいに教えてくれることが多いです。

➡️P28 証明書や書類を早めに準備

　公的年金の相談は「ねんきんダイヤル」を頼ろう

　公的年金の制度は複雑で、細かい条件がいろいろとあります。本書では概要しか解説できません。社会保険労務士が専門ですが、企業向けの仕事をしている人がほとんどで、個人の相続の相談を専門にしている人はほとんどいません。

　そこで、**実際の支給の条件や金額、不明点などは、最寄りの年金事務所やねんきんダイヤルに相談**しましょう。

> ■**年金相談に関する一般的なお問い合わせ**
> 「**ねんきんダイヤル」0570-05-1165（ナビダイヤル）**
> 050で始まる電話でかけるときは
> （東京）03-6700-1165（一般電話）
> 詳細はウェブサイトをご確認ください。
> https://www.nenkin.go.jp/section/tel/index.html#cmscall01

　亡くなった方が公務員のときは、所属する共済組合へ問い合わせてください。

👤 どの窓口に頼ればいいかを知っておこう

　相続の手続きでは、普段はあまりお世話にならない行政機関とやり取りをすることがあります。どの窓口で、何が相談できるかを知っておきましょう。代表的なものを紹介します。

家庭裁判所	◎遺言書の検認	➡P89
	◎相続の放棄、限定承認など	➡P98など
	◎遺留分の侵害額の請求の調停	➡P105
	◎遺産分割の調停	➡P112
税務署	◎所得税の準確定申告	➡P34
	◎相続税などの申告、納税	➡P123
法務局	◎法定相続情報の一覧図	➡P30
	◎自筆証書遺言の保管	➡P87
	◎不動産の権利関係の確認	➡P93
	◎不動産の名義変更	➡P118
陸運局	◎自動車の名義変更	➡P116

　どの窓口も、手続きの「やり方」は教えてくれます。ただ、どうしたらいいのか？　という内容に踏み込んだ相談には乗ってもらえません。**内容の相談は、この章で紹介した専門家を頼りましょう。**

亡くなった直後のさまざまな手続きの相談は葬儀会社が頼りになる

亡くなった直後の相談は、葬儀会社を頼ることをオススメします。そのメリットとデメリット、頼れる葬儀会社の探し方を解説します。

葬儀会社は、葬儀の専門家

葬儀に関わるさまざまなサポートをしてくれるのが**葬儀会社**です。「**葬祭業**」「**葬儀社**」「**葬儀屋**」などとも呼ばれています。

前もって葬儀会社を決めているときは問題ありませんが、大切な方が突然亡くなったときは、精神的に不安定な中、葬儀会社をすぐに決める必要があります。良心的な葬儀会社を見つけられると、葬儀をスムーズに進めることができ心強いです。亡くなった直後のさまざまな手続きや葬儀全般で頼りになります。

👤 葬儀会社に頼るメリット

◉遺体の搬送と安置
◉葬儀の提案や相談、準備・運営
◉会場や火葬場の手配
◉遺体のケアや納棺のサポート
◉遺影の準備
◉死亡届や火葬許可証の提出の代行

➡P14《1章》大切な人を「亡くした直後」の手続き

👤 頼れる葬儀会社を探すには、どうしたらいい?

　葬儀の運営には、専門的な技術や知識がいりますが、葬祭業をするための公的な資格がなく、認可や届出も必要ありません。それで、**サービスの内容や質に大きな開きがあるのが現状**です。あとからトラブルになることも多いので、冷静に決めるようにしましょう。

■ よい葬儀会社を探す4つのコツ

❶複数の会社から見積もりを取り、質問する

見積もりが安ければいい会社とも限りませんが、良心的な会社は、見積もりが見やすいです。何が基本料金で、何が追加料金（オプション）かが、わかりやすく書かれています。複数の会社から見積もりを取ると、違いもわかりやすくなります。
そして、不明点は何でも聞きましょう。ていねいに答えてくれる会社が当然、よい会社です。

❷強引に契約を迫ってこないか、オプションを強く勧めてこないかを確認する

悪い会社はこれらを迫ってきます。良心的な会社は、お客さまの意向を尊重してくれます。

❸地元の人の評判と、ネットの評判をチェックする

その地域に知人がいれば、よい葬儀会社を聞いてみましょう。地元の評判が高ければ心強いです。また、ネットでも口コミはたくさん見つけられるので、確認してみましょう。特にGoogleなどの口コミが当てになります。ビジネスが絡んでいないことがほとんどなので、純粋な口コミが集まりやすいからです。確認してみましょう。

❹病院からの紹介を鵜呑みにしない

亡くなった病院が、提携している葬儀会社を紹介してくれることも多いです。しかし、その会社が上記を満たしているとは限りません。単に紹介料で動いていることもあります。鵜呑みにせずに、良心的な会社か、確認しましょう。

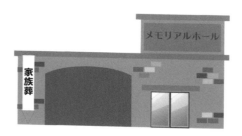

亡くなった方の「死亡保険金」相談は生命保険会社の担当者が頼りになる

亡くなった方の死亡保険金の相談は生命保険会社の担当者に頼ることをオススメします。会社や担当者によっては、相続のサポートに力を入れている頼れるプロもいます。

相続の相談に力を入れている会社や担当者が増えている

亡くなった方が生命保険に入っていたときは、死亡保険金の手続きで、生命保険会社の担当者に頼ることになります。

保険会社の担当者は、生命保険を扱っているため、相続の相談を受けやすくなります。そこで、**担当者によっては、ファイナンシャル・プランナーや相続系の資格を取り、相続の勉強に力を入れている**人が多いです。そういう人は、相続に詳しい弁護士や税理士などのネットワークも作っていることもあります。

亡くなった方の生命保険の担当者でなく、自分の生命保険の担当者でも、そういう人は頼りになります。また、会社として相続の相談に力を入れている保険会社も増えています。

もしご自身の担当者がいるなら、その人や会社が相続に力を入れているかを確認してみましょう。そして、力を入れていたら、相談に乗ってもらいましょう。

どの専門家も
サポートに入れない相談がある

　相続した財産をどう分けるかは、相続人全員での話し合いで決めます。この話し合いは、いろいろな不満が出やすく揉めやすいです。しかし残念なことに**この話し合いに入って「中立的な立場から」話を調整できる権限を持った専門家がいない**のです。

　専門が近いのは「弁護士」です。ただ、弁護士には「双方代理の禁止」というルールがあり、揉めてしまったときは、誰か一人の代理人になることしかができません。つまり、一番揉めやすいところなのに「相続人全員にとってベストな形」となるような調整に入ることができる専門家がいないのです。

　ではどうしたらいいのでしょうか？　揉めている話し合いの中には誰も入れませんが、話し合いの内容などについて、専門家から客観的なアドバイスをもらうことはできます。そして、それができるとしたら弁護士です。**話し合いがまとまらないと感じたら、早めに弁護士に頼ってください。**

　ただし、**代理人を弁護士にお願いするかは慎重に判断してください。**一人が弁護士を代理人にすると、他の人も弁護士を代理人にせざるをえなくなり、本格的な争いに発展しかねないので注意が必要です。

　弁護士に何度か相談し、話し合いのアドバイスをもらいましょう。そうすることで、弁護士が代理人にならずに、本人同士で解決できるかもしれません。

➡P108 財産の分け方を決める

おわりに

　祖父が亡くなったとき、両親と親族とが激しく揉めて、本当に辛い思いをした経験が私にもあります。高校2年生のときでした。

　その後、ファイナンシャル・プランナーになり、相続系の資格を取りました。そのために相続の勉強をし直したときに「相続は、制度的にとても揉めやすいんだ」と痛感しました。悲しい記憶が蘇り、しばらく勉強ができませんでした。

　私のような経験をする人が少しでも減ることを願っています。相続で困ったことがあったら、本書を参考に、ぜひ専門家に早めに相談していただけたら嬉しいです。

　協力者の先生には、多大なご協力をいただきました。心より感謝いたします。私が心から信頼している先生です。相続で困ったら、ぜひ頼っていただけたらと思います。また、よこいゆかさんには原稿のチェックでとてもお世話になりました。

　一人でも多くの方が、相続争いの痛みや苦しみを経験しなくて済むように、祈りを込めて書きました。そして、手続きのストレスを減らし、大切な方に想いを馳せられる時間が少しでも増えることを願っています。この本が、少しでもお役に立ったら幸せです。

加納　敏彦

著者・監修者プロフィール

著者

加納 敏彦

ファイナンシャル・プランナー、お金と保険の専門家、著者

大手生命保険会社で、全社の年間優秀賞「金賞」を5年連続で受賞。

2018年に、完全中立なファイナンシャル・アドバイザーとして独立。金融商品を一切販売しない、お客さまの気持ちに寄り添ったアドバイスとわかりやすい説明に定評がある。

相続・資産運用から、結婚・離婚のお金の相談、副業・起業まで、お金に関する悩みを総合的にサポートしている。

著書に『3分でわかる！お金「超」入門』（きずな出版）がある。専門用語を使わない、わかりやすくて易しい文章で人気になっている。

公式サイト ▶ https://kanotoshi.com/

リットリンク ▶ https://lit.link/kanotoshi

監修者

石渡 芳徳・藤井 幹久

税理士。マルイシ税理士法人 代表税理士

協力者：所属税理士　鈴木 雅人

マルイシ税理士法人は、「不動産と相続」の専門家集団として、弁護士や司法書士などの他の士業と協業しながら、自宅等の不動産を所有する方の相続税申告や相続対策を専門に行っている。

税理士業界の専門誌において、「不動産と相続のエキスパート事務所」として特集されるなど、その専門性の高さと実績を注目されている税理士法人である。

主な業務：相続税申告、相続・事業承継対策、不動産税務

マルイシ税理士法人 ▶ https://maruishi-tax.jp/

マルイシメディア ▶ https://maruishi-media.jp/

藤原 寿人

弁護士。東京中央総合法律事務所パートナー弁護士

遺産分割、相続放棄、被相続人の生前に生じた使途不明金の返還請求など、相続に関する案件をはじめとし、民事事件と呼ばれる分野を中心に活動している。

東京中央総合法律事務所 ▶ https://www.tcs-law.com/

村山 澄江

司法書士 村山澄江事務所 代表

相続・民事信託・成年後見の専門家。

承継寄付診断士、経営心理士、認知症サポーター、簡裁訴訟代理関係業務認定会員。

相続対策・認知症対策の対応の実績1,300件以上。全国で講演活動も行っている。

著書に『今日から成年後見人になりました』『「認知症に備える』（共に自由国民社）がある。

司法書士 村山澄江事務所 ▶ https://sumi-smile.com/

長尾 影正

行政書士。家族信託専門士。長尾影正事務所 代表

相続・家族信託・不動産の専門家。

家族信託の組成件数50件以上、不動産業20年以上の実績があり、財産の管理や相続から不動産までを対応。

税理士・司法書士などの専門家と提携し、最初の窓口として相談に乗り、喜ばれている。

「とても分かりやすい」という満足度93％の説明力で、相続の関係者と親身にコミュニケーションを取り、評判になっている。

行政書士 長尾影正事務所 ▶ https://www.yuigon-souzoku.info/

親・身内が亡くなった後の
届出・手続きのすべて

2023年3月 1 日　第1刷発行
2024年5月31日　第4刷発行

［著者］　　　加納敏彦
［発行者］　　櫻井秀勲
［発行所］　　きずな出版
　　　　　　　東京都新宿区白銀町1-13　〒162-0816
　　　　　　　電話03-3260-0391　振替00160-2-633551
　　　　　　　https://www.kizuna-pub.jp
［印刷・製本］　モリモト印刷

ISBN978-4-86663-193-6

好評既刊

『3分でわかる！ お金「超」入門』
加納敏彦

1項目3分でわかって、どこから読んでも役に立つ！ 備える・稼ぐ・使う・貯める・増やすの5つの視点で完全網羅　　　1540円（税込）

『もう親のことで悩まない本』
石原加受子

親との付き合い方に悩める人へ。具体的な相談内容25ケースに、心理カウンセラーの石原加受子氏が回答！　　　1540円（税込）

『50代にとって大切な17のこと』
本田健

あなたの人生、50代からリスタートしてみませんか？ 「人生は終わった」ではなく、「これから始まる」のです　　　1540円（税込）

『老後の運命は54歳で決まる！』
櫻井秀勲

精力的に活動したい大人のための一冊。これまでの常識を覆す、まったく新しい「老後の教科書」　　　1540円（税込）

きずな出版
https://www.kizuna-pub.jp